AF273923

Una mente positiva, una felicidad plena

PALABRA

© Fernando Sarráis, 2025
© Ediciones Palabra, S.A., 2025
   Ronda del Caballero de la Mancha, 59 – 28034 Madrid
   Telf. (34) 91 350 77 20 - (34) 91 350 77 39
   www.palabra.es
   palabra@palabra.es

Diseño de portada: Equipo editorial
ISBN: 978-84-1368-480-2
Depósito Legal: M-15.085-2025
Printed in Spain - Impreso en España

FERNANDO SARRÁIS

Una mente positiva, una felicidad plena

dBolsillo

Toda cara bonita envejece,
todo buen cuerpo cambia,
pero una buena persona
siempre será una buena persona.

(Anónimo)

– ÍNDICE –

INTRODUCCIÓN

La psicología positiva es la rama más joven de la psicología, fundada en 1998 con el objetivo de estudiar y promocionar los aspectos positivos del ser humano: el bienestar psicológico, las emociones positivas –paz y alegría–, las fortalezas personales –empatía, creatividad, resiliencia, sentido del humor– y las relaciones sociales saludables, que enriquecen y hacen sentirse bien a todos los participantes. Es hija de la psicología humanista de Abraham Maslow, Carl Rogers, George Kelly, Ludwing Binwanger y Viktor Frankl, que ha tenido una gran influencia en la psicología, pedagogía y psiquiatría de la segunda mitad del siglo xx.

En este periodo, gracias al boom de la psicofarmacología –antidepresivos, ansiolíticos, antipsicóticos– y a un variado elenco de psicoterapias, se ha conseguido dar un paso de gigante en el *alivio y curación* de los aspectos negativos del psiquismo: ansiedad, angustia, depresión, insomnio, obsesiones, delirios y alucinaciones. El objetivo que se han planteado los seguidores de la psicología positiva es *prevenir* los trastornos mentales. La estrategia escogida para lograrlo es el impulso por adquirir, desarrollar y mantener las cualidades humanas positivas, que se asocian con la calidad de vida y con el bienestar psicológico.

En enero del año 2000, la revista de la Asociación de Psicólogos Americanos (APA), *American Psychologist*, publicó un número monográfico sobre la psicología positiva, en el que se mostraban los resultados de un amplio estudio sobre los factores más importantes para ser feliz. Las conclusiones del estudio ponían de manifiesto que la variable más importante para ser feliz era «la manera de ser de la persona», es decir, la personalidad. Si esta era positiva, por tener cualidades valiosas, tenía mayor probabilidad de contribuir a la felicidad que de la negativa: sujetos con pocas cualidades positivas o con un mayor número e intensidad de cualidades negativas o malas.

Esta conclusión es evidente para cualquier persona, pues basta ver las consecuencias personales y sociales de los frecuentes casos de sujetos con una personalidad negativa, ahora denominadas «personas tóxicas». Pensemos, por ejemplo, en las personas envidiosas, celosas, hipocondriacas, pesimistas, acomplejadas, avariciosas, susceptibles, obsesivas, perfeccionistas, miedosas, cobardes, inseguras, estresadas, violentas, desconfiadas, narcisistas, impulsivas y otros muchos casos denominados con un calificativo negativo a su manera de ser. Estos tipos de personalidad, al ser persistentes y resistentes al cambio a medida que pasan los años, causan gran sufrimiento e impiden ser feliz al interesado y a las personas de su entorno.

En occidente, en las últimas décadas, han aumentado las enfermedades mentales, las adicciones, el consumo de sustancias perjudiciales para la salud, los trastornos de la conducta alimentaria, los trastornos del sueño, la violencia, las conductas autolesivas y el suicidio, el estrés y sus manifestaciones somáticas patológicas. Este aumento de los problemas mentales ha coincidido con un déficit en la formación del carácter o personalidad de los niños y jóvenes.

Resulta especialmente preocupante la actual crisis de los adolescentes, futuros adultos de los que dependerá el desarrollo humano, social, económico y cultural de cada país. Esta crisis se relaciona con la poca importancia que se da al aspecto psicológico de la adolescencia, que es un «periodo crítico» en la formación de la personalidad. Los periodos críticos educativos son épocas de la vida en las que se aprende muy rápido y profundamente, lo cual supone que lo aprendido en esos periodos tiene más probabilidad de persistir durante toda la vida que lo aprendido fuera de tales periodos.

Estos se dan en la infancia y adolescencia, y coinciden con el comienzo de las habilidades humanas: psicomotricidad, habla, cálculo, escritura, sociabilidad, sexualidad. Si lo aprendido es adecuado, facilitará el ejercicio de esa habilidad durante toda la vida; si, por el contrario, es incorrecto, dificultará el buen ejercicio de dicha habilidad.

La adolescencia es, por tanto, un periodo crítico para el aprendizaje de la manera de ser adulta y para lograr la madurez psicológica propia de un adulto. El adolescente no se considera, ni es considerado, como un niño, pero tampoco como un adulto, aunque desea serlo y ser tratado como tal. La adolescencia es la época de preparación y entrenamiento para ser adulto, y de ello depende, en gran medida, el tipo de persona que será en el futuro.

En los años de la adolescencia se terminan de consolidar los pilares de la personalidad, de los que dependerá el modo de comportarse durante la vida adulta. Por esta razón, la adolescencia es una etapa de importancia capital para el desarrollo de la personalidad positiva. Es necesario animar a cada adolescente a diseñar y construir un proyecto positivo de su manera de ser. Conviene repetirles con frecuencia, igual que lo hacen las nuevas tecnologías con respecto al modo de configuración de su apariencia externa, la importancia que tiene adquirir valores, rasgos y actitudes positivas, es decir, de trabajar y elaborar un proyecto de persona buena, positiva y madura.

Conscientes de esta realidad, los psicólogos americanos, bajo la presidencia de Martin Seligman, considerado fundador de la «psicología positiva», están interesados en conocer las cualidades positivas del ser humano y fomentar su educación, desarrollo, mantenimiento y recuperación. Intentan dotar a los ciudadanos del siglo XXI de una guía para encontrar y seguir el camino que conduce a la meta principal de la vida: la felicidad. Con esta finalidad, en las últimas dos décadas, han difundido y promovido por todo el mundo occidental el estudio y la enseñanza de varias cualidades positivas: empatía, resiliencia, asertividad, inteligencia emocional, creatividad, felicidad, altruismo, optimismo, sentido o propósito en la vida, agradecimiento, flujo o concentración en lo que se está haciendo, esperanza y sentido del humor. Cualidades que han sido bien aceptadas en todo el mundo por contribuir a mejorar la calidad de vida –sensación habitual de plenitud y satisfacción– y prevenir las enfermedades mentales.

Las cualidades positivas de la personalidad, como indica su signo, unen a las personas entre sí, pues producen sentimientos de atracción y amor. Las personas con estas cualidades son consideradas valiosas, y lo valioso es deseado y querido. Sentirse valorado y querido produce felicidad; mientras que sentirse carente de valor y rechazado hace sufrir. A estas personas positivas, además de ser queridas por los demás, les resulta más fácil quererse a sí mismas y vivir dentro de sí con paz y alegría.

A continuación, se van a explicar las principales cualidades positivas estudiadas y difundidas por esta novedosa rama de la psicología.

Tabla 1. Principales cualidades positivas de la Psicología Positiva

1. *Empatía:* capacidad para sintonizar emocionalmente con el mundo interior de los demás.

2. *Resiliencia:* capacidad para la recuperación del estado psicológico previo a un impacto emocional negativo.

3. *Asertividad:* capacidad para ser uno mismo en cada situación sin molestar u ofender a los demás.

4. *Inteligencia emocional:* capacidad para funcionar interna y externamente con una armonía habitual entre cabeza y corazón, es decir, entre razón, voluntad y afectividad.

5. *Creatividad:* facilidad para encontrar soluciones a los problemas y realizar las tareas de manera eficaz y novedosa.

6. *Felicidad:* capacidad de vivir de modo habitual de una manera que produce sentimientos positivos de paz y alegría.

7. *Sentido o propósito en la vida:* habilidad para encontrar rápidamente un sentido positivo a lo que se hace o se padece, y para encontrar un propósito por el que hacer lo que se debe.

8. *Flujo o concentración en lo que se está haciendo:* capacidad de mantener la atención máxima en la tarea interna o externa del momento presente con el fin de hacerlo lo mejor posible, con independencia emocional del resultado de dicha acción. Permite vivir habitualmente en el hoy y ahora, en la realidad y luchando por hacer cosas buenas.

9. *Fortalezas personales:* conjunto de cualidades positivas –talentos, habilidades, rasgos, virtudes– del ser humano que pueden estar presentes o no en su manera de ser. Su adquisición, mantenimiento y desarrollo permite vivir una vida feliz y eficaz, y contribuir a la felicidad de los demás.

1. EMPATÍA

La empatía es la capacidad mental que permite ponerse en el lugar del otro, meterse dentro y sintonizar con el estado afectivo de los demás. Hay dos tipos de empatías: una emocional y otra cognitiva. La cognitiva permite entender lo que piensan los demás y por qué lo piensan. Pero la esencia de la empatía es el conocer y sentir acorde a las vivencias afectivas de los demás en un momento dado. Y, como es conocimiento, implica al entendimiento, que realiza una reflexión sobre lo que creo que sienten los demás para entender su motivo. La materia de ese conocimiento es la vivencia afectiva del otro, por eso la esencia de la empatía se encuentra en la capacidad de sintonizar emocionalmente con los demás.

La empatía es una única cualidad con dos funciones: sentir y conocer lo sentido. La definición que recoge el diccionario de la Real Academia de la Lengua (RAE) también hace énfasis en el aspecto afectivo de la empatía, pues la define como «la capacidad de identificarse con alguien y compartir sus sentimientos».

Se puede *conocer* cómo piensan los demás, pero para *entender* por qué piensan de esa manera se necesita, además, descubrir el modo de funcionar de su afectividad, que tiene un fuerte influjo en el modo de pensar, pues hay una estrecha relación entre cabeza y corazón, es decir, entre razón y voluntad –cabeza– con emociones, sentimientos y estados de ánimo –corazón.

La empatía, al permitir *conocer* las emociones, sentimientos y estados de ánimo que sienten de los demás, permite *entenderlos* mejor. El conocimiento del mundo afectivo es un conocimiento profundo de la persona, pues es el núcleo de su personalidad, de aquí que se denomine a la afectividad con el término de «corazón» por su analogía con el motor de la vida biológica. Secundariamente, permite entender por qué piensan y se comportan de una determinada manera, dada la estrecha interrelación de la razón, la voluntad y la afectividad con el comportamiento.

Es una capacidad que no implica, necesariamente, estar de acuerdo con los sentimientos de los demás, pero sí de entenderlos y respetarlos, que es fundamental para establecer relaciones interpersonales saludables y para el fomento de la colaboración, la paz y la comprensión mutua. Además, juega un papel crucial en la resolución de conflictos, ya que permite ver las cosas desde la perspectiva de los demás, lo cual facilita el diálogo, la negociación y el acuerdo.

Para el desarrollo de esta habilidad son fundamentales: el conocimiento del lenguaje corporal, que es el principal canal de expresión de la vida afectiva; y la verbalización por parte de los educadores de las propias emociones, sus causas y consecuencias, pues de este modo enseñan cómo funciona la afectividad.

La empatía se adquiere durante la infancia y la adolescencia, y depende de la adquisición de otras cualidades que se van a explicar a continuación: el interés por los demás, la curiosidad por conocer cómo funciona la propia mente y la educación sobre el funcionamiento de la afectividad.

a) *El interés por los demás:* este interés surge del cariño o amor por los otros, que es una consecuencia del conocimiento de su bondad. Cuando se tiene interés por algo, se siente la necesidad y el impulso de conocerlo en profundidad.

Conocer y amar a personas buenas implica poseerlas con las facultades superiores: inteligencia —conocerlas— y voluntad —amarlas—. Supone tener un tesoro que enriquece y hace sentirse valioso y feliz, sobre todo, cuando no hay peligro de perderlo y se es correspondido en ese amor. El amor impulsa a conocer al ser amado para ayudarle a mejorar y hacer que se sienta bien y sea feliz, porque así uno mismo es más feliz.

La persona egocéntrica, egoísta, esquizoide, narcisista con un interés centrado en sí misma, suele carecer de empatía. En cambio, la persona altruista, caritativa y sociable suele tener un buen grado de empatía. En definitiva, las personas que saben amar al prójimo desde niños presentan interés por conocer a los demás en profundidad y se esfuerzan continuamente por conocer cómo se sienten —empatía— e intentan que se sientan bien —altruismo.

b) *La curiosidad por el funcionamiento de la propia mente:* tiene relación con el interés por uno mismo, que deriva del amor a sí mismo. Es difícil amar a los demás desinteresadamente —altruismo o caridad— si antes no se ha logrado amarse a uno mismo incondicionalmente.

Con frecuencia, no nos amamos porque no somos como nos gustaría ser, y esto suele coincidir con no amar a los demás porque tampoco son como nos gusta que sean. Si uno se quiere a sí mismo de verdad, al real, siente interés por conocerse en profundidad, es decir, por conocer el funcionamiento de su corazón —la afectividad.

A medida que se desarrolla la habilidad para conocerse, mejora la capacidad de conocer a los demás. Es necesario conocerse para conocer, y la profundidad con que nos conocemos correlaciona con la profundidad con que podemos conocer a los demás. Por lo tanto, la empatía empieza por uno mismo, pero no se queda en «conocer», sino que llega a «entender», que supone saber cómo se llama la emoción que se siente −ira−, su intensidad −cólera o rabia−, su causa y sus consecuencias en el funcionamiento mental y en el comportamiento.

El ambiente, la cultura y la educación actuales no favorecen el desarrollo de la empatía, porque es una sociedad que fomenta el individualismo y el egocentrismo, que lleva al desinterés por conocer a los demás. Además, prestigia la apariencia −la fachada− de la persona en perjuicio del contenido, de la manera de ser, que lleva a una disminución del interés por conocer la persona interior.

Muchos jóvenes muestran gran interés por tener un cuerpo diez y poco interés por tener una mente diez. Ponen mucho empeño en tener belleza y poco en tener bondad, sabiduría y autenticidad. Priorizan el sentirse bien −placeres− al ser felices −amar−. Con esta actitud acaban viviendo en la superficie de sí mismos —en el mundo de las sensaciones–, y conviven con un desconocido insatisfecho en su interior, al que no saben cómo satisfacer y, para ello, recurren al consumo de sustancias y a la adquisición de cosas para aliviar pasajeramente el malestar de esa insatisfacción existencial.

El déficit de autoconocimiento se acompaña de un déficit de autocontrol, pues es difícil manejar bien lo que no se sabe cómo funciona, en este caso, la propia afectividad. La consecuencia final es la dependencia emocional del entorno, pues son los estímulos percibidos los que producen los afectos que determinan el modo de pensar, recordar, imaginar y comportarse.

c) El tercer factor determinante de la empatía es *la educación temprana de la afectividad*: los niños y adolescentes aprenden con rapidez y profundidad de sus experiencias vitales, especialmente de lo que ven y oyen de las personas de su entorno a las que estiman y aman.

Para aprender cómo funciona la afectividad, necesitan que los adultos les comuniquen cómo se sienten, por qué se sienten de esa manera, si lo que sienten es positivo o negativo, si es proporcionado o desproporcionado al acontecimiento que lo desencadena, cómo se pueden controlar o evitar los sentimientos negativos y cuál es la expresión externa adecuada de lo que se siente. Después, han de ayudarles a observar e interpretar que los gestos y comportamientos de los demás, y de ellos mismos, que son reflejo de emociones y sentimientos internos. Solo los educadores que tienen interés por conocer y controlar su propia afectividad, porque son conscientes de su importancia en la configuración de la personalidad, pueden sentirse motivados a enseñarlo a los más jóvenes.

Hoy en día hay una ignorancia generalizada sobre el funcionamiento de la afectividad, que posee una enorme variedad de emociones, sentimientos, estados de ánimo –positivos y negativos– con un gran influjo en el funcionamiento de la mente y en el comportamiento de toda persona. Esta ignorancia va pasando a las nuevas generaciones, impidiendo el desarrollo de la empatía y el adecuado equilibrio mental entre razón, voluntad libre y afectividad, que es la condición de la salud mental y de la felicidad.

Vivimos en una época en que se ha puesto de moda el desnudo –parcial o completo– como una expresión de sinceridad y libertad. Coincide con un enorme pudor o vergüenza para hablar del mundo afectivo –desnudarse afectivamente– por miedo a ser juzgado como «cursi» o sentimental, o ser considerado débil psicológicamente. Es una consecuencia de la pedagogía basada en el dicho «los hombres no lloran», eso es cosa de mujeres.

Es difícil conocer la propia afectividad si no la escuchamos, y ella no habla, hablamos nosotros por ella cuando decimos lo que sentimos, cómo lo sentimos, su motivo y las consecuencias que ha tendido en nuestra mente y en el comportamiento. Al hablar de ella nos escuchamos y la conocemos. Para acostumbrarnos a hablar de la afectividad, antes hemos de haber oído a los demás hablar de su afectividad, pero no solo de la afectividad negativa –tristeza, pena, ira, miedo–, como lo hacen las personas tóxicas, sino especialmente de la positiva: decir que se está contento, en paz; o que se siente admiración, orgullo, autoestima, amor, ilusión, entusiasmo. En el momento actual hay demasiada expresión de sentimientos negativos –quejas y lamentos– y poca expresión de sentimientos positivos.

Para *entender* la afectividad lo más importante es hablar de las *causas* y de las *consecuencias* de cada sentimiento, pues ese conocimiento permite controlarlas y, secundariamente, controlar los sentimientos. Por ejemplo, estoy enfadado *porque* sufro la frustración de la derrota de mi equipo, y sufro más aún *porque* mi expectativa de ganar era muy grande y, al perder, el sufrimiento del desengaño es más grande. Estoy contento *porque* he estado con mis amigos o con mi familia y me he sentido muy aceptado, valorado y querido, y estos sentimientos hacen sentirme bien conmigo mismo.

Conociendo las *causas* de las emociones y sentimientos negativos, estoy avisado para el futuro y puedo evitar dichas causas o estar prevenido para que no produzcan los afectos negativos, o que sean menos intensos o más breves. Además, si conozco las causas de los afectos positivos, cuando necesite sentirme bien puedo recurrir a los motivos que los producen.

Si se conocen las *consecuencias* de los afectos, es posible intentar controlarlas, y, secundariamente, controlar los efectos. Como los afectos negativos producen consecuencias mentales y conductuales negativas, si se posee una adecuada fuerza de voluntad, se pueden evitar esas consecuencias y realizar actos positivos, que son incompatibles con los afectos negativos, con lo que estos últimos desaparecen rápidamente. Por ejemplo, si sé que, cuando estoy enfadado, soy violento con el pensamiento —juicio crítico—, con el lenguaje —ironía, crítica, insulto— y con la conducta –violencia física–, puedo entrenar el pensar bien, hablar bien y tratar bien a los demás cuando estoy enfadado, al menos con las personas no causantes del enfado, y este se deshace como el hielo cuando se expone al calor. De modo semejante se puede hacer con los demás afectos negativos, siempre que se conozcan bien sus consecuencias en uno mismo. En el caso de querer tener afectos positivos, si sé cuáles son las consecuencias de cada uno de ellos –generalmente positivas– puedo pensar, percibir, recordar, imaginar o actuar en positivo para que surjan en mí los afectos positivos correspondientes.

Otra estrategia para la educación de la afectividad es dar *feedback* afectivo a los niños y a los jóvenes. Se trata de decirles cómo nos hacen sentir con su comportamiento. Si una madre, un padre o un profesor le dice a un alumno que se siente triste o que siente pena por él porque se ha portado mal o porque no ha cumplido su obligación; o que siente alegría porque ha sido obediente, puntual, luchador, estudioso, ordenado... los jóvenes van tomando conciencia no solo de cuáles son los comportamientos buenos y malos, sino también de que su comportamiento produce afectos positivos y negativos en los demás, y el cariño hacia ellos les impulsará a hacer cosas para que se sientan bien y no mal. El hábito de considerar cómo se van a sentir los demás con su conducta es una forma de desarrollar la empatía, que es el hábito de conocer cómo se sienten los demás. Si nadie dice a los niños cómo se sienten cuando ellos actúan, pensarán que no sienten nada, que la gente no tiene sentimientos y, por lo tanto, no tendrán interés por las vivencias afectivas de los demás, que es la esencia de la empatía.

Por último, otra estrategia útil para educar la afectividad y la empatía es la costumbre de preguntar a los demás, en especial a los jóvenes, cómo te sienten y por qué te sienten de esa manera; qué van a hacer para seguir sintiéndose así —si es positiva—, o para dejar de sentirte mal. Tener que responder a esas preguntas sobre su afectividad les hace pensar sobre ella y, de ese modo, van progresando en su conocimiento. Al principio, cuando no saben qué responder, conviene decirles cómo nos sentimos nosotros en las situaciones similares y qué hacemos para sentirnos bien. De esta manera les damos ideas e imágenes en las que pueden reconocerse, y en las siguientes ocasiones sabrán responder a las preguntas sobre su situación afectiva.

Da pena ver cómo se ha generalizado el diálogo superficial y trivial entre personas unidas por fuertes vínculos afectivos. Son «diálogos de ascensor» entre familiares o amigos. El motivo suele ser el miedo a mostrar lo más íntimo –los sentimientos– por el riesgo a ser ridiculizados, heridos, criticados, no apreciados. Esta forma de comunicación hace que se vaya perdiendo la capacidad de hablar de las emociones y sentimientos y, cuando es necesario hacerlo para educar o para consolar, ya no se puede. Esto contrasta con lo que hacen las madres de modo intuitivo con sus hijos, que se interesan y les preguntan por lo que sienten, pues no se conforman con saber lo que hacen. Pues lo realmente interesante e importante de una persona es lo profundo, lo nuclear, el corazón, las vivencias afectivas.

2. RESILIENCIA

La resiliencia es la capacidad mental que permite recuperar rápidamente el estado mental normal −positivo, sano, equilibrado− después de sufrir un impacto emocional negativo. Los sucesos positivos también impactan emocionalmente y cambian el estado mental habitual, pero no son problemáticos pues hacen sentirse bien, y, por eso, no se necesita una habilidad para recuperarse de ellos como es la resiliencia. Pero es útil el esfuerzo por contener las emociones de los sucesos positivos como un entrenamiento de la voluntad para controlar la afectividad −en este caso, positiva−, para luego poder controlar las emociones negativas que producen los sucesos negativos. Controlar no significa anular las emociones −que no es posible−, sino evitar alimentarlas con recuerdos, pensamientos y fantasías del suceso, lo cual aumenta la intensidad y la duración de dichas emociones, que, cuando son positivas, son más agradables, pero, cuando son negativas, son mucho más desagradables. No alegrarse tanto o demasiado con los sucesos positivos y quitarlos de la cabeza para que no alimenten la emoción correspondiente, permitirá, a la larga, lograr no entristecerse tanto o demasiado y poder quitar de la cabeza los sucesos cuando son negativos. Cuando una persona se alegra y se regocija demasiado con los éxitos y las buenas noticias, suele lamentarse y recrearse largamente en los sentimientos negativos de los fracasos y sucesos negativos, lo cual le provocará un gran sufrimiento, ya que estos últimos son más frecuentes que los primeros, dado que se aprende a hacer las cosas bien cometiendo errores y, para ganar, antes hay que perder muchas veces.

La resiliencia es sinónimo de resistencia al sufrimiento y tolerancia a la frustración que acompaña a los sucesos negativos que hacen sufrir. Supone fortaleza de la voluntad para controlar la afectividad y así suavizar o evitar los sentimientos negativos causados por el sufrimiento de dichos sucesos, como se refleja en el dicho «al mal tiempo, buena cara» y en la expresión popular «aprender a sufrir con buen humor» —con paz y alegría—. Este aprendizaje es más fácil durante la infancia y depende de la presencia habitual de modelos adultos que lo vivan bien y de la motivación por parte de los educadores para que eviten las quejas, lamentos, enfados y tristezas cuando sufren, empezando por los pequeños sufrimientos, que son más fáciles de soportar. Un gran enemigo de este aprendizaje es la visión negativa del sufrimiento, que impulsa a evitarlo a toda costa, lo cual impide entrenarse para poder llevarlo bien. Otro enemigo de la resiliencia es la exaltación del placer —sensación opuesta al sufrimiento— como objetivo principal de la vida, que produce bienestar a corto plazo, pero que conlleva un riesgo potencial de adicción y dependencia, que produce un gran sufrimiento a medio y largo plazo.

Los principales sentimientos negativos que hay que aprender a controlar son el miedo, la ira y la tristeza, que hacen sufrir cuando se padecen, aumentando el sufrimiento que los causa, e impulsan conductas negativas que hacen sufrir al propio sujeto y a los demás. El *miedo* surge cuando se toma consciencia de un peligro que hará sufrir y permite evitarlo o enfrentarlo según lo que la razón juzgue adecuado. La *ira* aparece cuando se está padeciendo un sufrimiento —físico o moral—, y aporta un suplemento de energía a la voluntad para resolver la causa de dicho sufrimiento. La *tristeza* nace cuando se ha acabado el sufrimiento sin haber conseguido evitarlo o sin lograr darle un sentido positivo.

La actual tendencia educativa tolerante, permisiva, protectora, opuesta a la anterior de tipo autoritaria, exigente y punitiva, considera el sufrimiento como algo malo y perjudicial —algo que hay que evitar siempre— y exalta el bienestar afectivo —sentirse bien y no sentirse mal— como objetivo prioritario. Este tipo de educación impide a los jóvenes tener ocasiones para entrenarse en soportar, tolerar y superar con buen ánimo los sufrimiento normales y habituales de la vida. Como consecuencia, ha disminuido la resiliencia de las nuevas generaciones y han aumentado las depresiones, los trastornos de pánico, las fobias, la violencia provocada por la ira incontrolada, las adicciones y los suicidios como vía de escape del sufrimiento. Estas patologías son consecuencia del aumento en intensidad de las tres emociones negativas básica —tristeza, miedo e ira— por una hipertrofia de la afectividad y una atrofia de la voluntad que impide el control emocional y el equilibrio mental entre cabeza y corazón.

No es posible controlar la afectividad de modo directo, porque esta facultad reacciona de modo espontáneo a las vivencias experimentadas a través de percepciones de los cinco sentidos, imágenes elaboradas a partir de recuerdos o de fantasías y de pensamientos elaborados por la razón a partir de ideas adquiridas previamente. Una vez que los afectos se han producido y el sujeto toma conciencia de ellos —autoconciencia— y los valora como positivos o negativos, adecuados o inadecuados, convenientes o inconvenientes, es cuando debe ejercer el control sobre ellos para recuperar el estado mental deseado —resiliencia—. Este control es indirecto, es decir, es un control sobre los estímulos que han provocado los afectos, y supone evitar que se mantengan en la conciencia los negativos y fomentar la aparición de otros positivos, para ocupar la mente con estos para que no vuelvan a aparecer los negativos.

Así pues, el control de la afectividad empieza por el control de la mente, es decir, por dominar lo que aparece en la conciencia, que es lo que provoca la reacción de la afectividad y da lugar a los sentimientos. Se suele decir que el corazón sigue a la cabeza, como queda reflejado en el dicho «ojos que no ven, corazón que no siente», que es equivalente a decir «pensamiento que no piensa, corazón que no siente».

El control voluntario de la afectividad, para conseguir lo que la razón considera bueno para todos –la felicidad–, busca mantener en la conciencia las vivencias positivas y evitar las negativas. Y, cuando no puede evitar las negativas, busca darles un sentido positivo –un porqué valioso– que produce afectos positivos, como se refleja en el dicho «cuando hay un porqué no importa el cómo», lo cual significa que, cuando la meta o el fin es gratificante, se lleva bien el sufrimiento que conlleva el proceso para conseguirlo.

Por el contrario, cuando las emociones negativas impulsan a la mente a pensar, recordar, imaginar y percibir cosas negativas, aumenta la intensidad de dichas emociones y se puede pasar de la ira a la cólera, del miedo al pánico y de la tristeza a la depresión, que impulsan con más fuerza a la mente a elaborar otros contenidos negativos, creando un círculo vicioso negativo y patológico.

La persona con resiliencia –con autocontrol– recurre también al control de su conducta para recuperar el estado de ánimo positivo. Consigue comportarse correctamente, también cuando se sienten emociones negativas, sabiendo que estas conductas positivas producirán emociones positivas que neutralizarán o desplazarán a las negativas. Pero hace falta una fuerte voluntad para ser amable cuando se está enfadado, ser valiente cuando se tiene miedo y hacer lo que se debe hacer cuando se está desanimado por estar triste. Los comportamientos que hacen sentirse bien van deshaciendo —como el calor deshace un cubito de hielo— las emociones negativas previas.

3. ASERTIVIDAD

La asertividad es la capacidad mental que permite ser uno mismo –sincero, auténtico– sin ofender, molestar, humillar o condicionar a los demás. Permite pensar y actuar con libertar, y dejar libres a los demás para ser como son y pensar como piensan, aunque no nos guste y nos moleste cómo son o cómo piensan. Lo cual no quita que les ayudemos a corregir sus defectos si ellos quieren.

Así pues, la asertividad supone un fuerte compromiso con la libertad propia y ajena, y un rechazo de la dependencia, la manipulación y el chantaje emocional, tanto de la que se sufre por parte de los demás como de la que se inflige a los demás. También implica un fuerte amor por la verdad, que impulsa a la sinceridad y a la autenticidad, y a valorar y estimar estas cualidades en los demás.

Se puede afirmar que la persona asertiva ama la libertad por encima del bien, aunque libertad y bien están estrechamente relacionados porque el bien defiende la libertad y el mal hace perderla, pues cuando se obra el mal es por *sentirse* bien, es decir, por impulso de la afectividad, no por un *querer* de la voluntad, y con la repetición de conductas malas se hipertrofia la afectividad y se atrofia la voluntad, y con ella la libertad.

La asertividad es una cualidad *social* positiva que determina una manera positiva de comunicarse y relacionarse con los demás. La persona asertiva es capaz de expresar sus pensamientos, sentimientos, deseos y opiniones de manera clara y respetuosa, sin privar a los demás del derecho a hacer lo mismo. Es capaz de defender sus derechos y expresar sus necesidades de modo proactivo sin ser agresiva. El desarrollo de esta cualidad depende de la adquisición de otras cualidades positivas, como la valentía, naturalidad, sencillez, espontaneidad y humildad.

Así pues, es una cualidad con dos caras: una que defiende la verdad y libertad propia y otra que respeta estas dos cualidades en los demás. La fuerza que impulsa y mantiene este modo de ser es un intenso amor por ambas cualidades, por ser buenas y necesarias para vivir una vida feliz.

El contexto de este empeño por ser asertivo es el conocimiento y respeto de la dignidad de cada ser humano, que tiene una única vida y una particular biografía, y se merece vivirlas según las indicaciones de su razón y con la máxima libertad posible. Ningún ser humano nace para ser esclavo, manipulado, sometido o utilizado contra su voluntad.

El gran enemigo de esta cualidad es la afectividad negativa, es decir, las emociones y sentimientos negativos que hacen sentirse mal e impulsan a funcionar mentalmente y a actuar de forma negativa y mal, lo cual aumentará el malestar propio y ajeno.

Nadie *quiere* tener emociones y sentimientos negativos; son reacciones de la afectividad ante los estímulos externos o internos que hacen sufrir. Cuando en una persona mandan sus afectos negativos, ya no actúa como *quiere,* sino como se *siente* y, por lo tanto, actúa sin libertad. La intensidad de los afectos negativos depende de la sensibilidad al sufrimiento, de la tolerancia a la frustración que acompaña al sufrimiento y del control que tiene el sujeto de su mente para evitar los contenidos mentales negativos, que mantienen y aumentan los afectos negativos creando un círculo vicioso de sentimientos y pensamientos negativos, que es un fenómeno obsesivo. Es difícil que una persona con intenso miedo, ira, tristeza y vergüenza pueda comportarse como es o como quiere ser, y no manipule a los demás para que le hagan sentirse bien y alivien el malestar que le producen sus afectos negativos.

El sentimiento de inferioridad es el sentimiento negativo que más dificulta el desarrollo de la asertividad, pues se acompaña del sentimiento de inseguridad y de vergüenza, que impulsan a ocultarse dentro de sí –a la introversión– y a aparentar ser una persona que no se es –inauténtica–, es decir, una persona mejor.

La persona asertiva suele tener un buen control de su afectividad y de su mente –memoria, imaginación, percepción y pensamiento– que le permite sentir, pensar y actuar en positivo y, por lo tanto, con verdad y libertad, lo cual le hace sentirse bien, creando un círculo virtuoso positivo.

A continuación, se exponen algunas manifestaciones de esta cualidad en la vida de una persona asertiva –Tabla 2–.

Tabla 2. Manifestaciones de la asertividad

1. Exponer las opiniones sin imponerlas.

2. Informar sin querer convencer.

3. Escuchar a los demás sin interrumpirles con afán de aprender, no de discutir.

4. Decidir y escoger según las propias convicciones.

5. Actuar según la propia conciencia, pensando antes de actuar y hablar, para saber cómo hacerlo bien.

6. Ser capaz de decir «no» cuando es necesario —sin sentirse culpable— y decir «sí» cuando sea conveniente, aunque se sienta rechazo por lo que se debe hacer.

7. Actuar porque quiero, o no hacerlo porque no quiero, y no para sentirse bien.

8. Reconocer los propios errores y pedir perdón cuando por ellos se ha hecho sufrir.

9. Aceptar la correcciones y críticas con una actitud positiva, para mejorar y aprender.

10. Reconocer los aciertos y la superioridad de los demás, sin tratar de hacerles sombra.

11. Rectificar cuando se está equivocado, por amor a la verdad y al bien.

12. Agradecer un favor o un servicio, cuando se toma conciencia de ello.

La adquisición de esta cualidad es una tarea de toda la vida, pero para alcanzar un buen nivel se debe aprender en la infancia y adolescencia, cuando el funcionamiento mental es más flexible y el aprendizaje es más fácil y profundo. Requiere tener buenos modelos en los padres, educadores y personas de prestigio social, que tienen un gran influjo en los jóvenes. Y exige una lucha continua durante toda la vida para mantenerla y no perderla.

4. INTELIGENCIA EMOCIONAL

Se considera Inteligencia emocional a la capacidad mental que permite actuar habitualmente como fruto de una armonía entre cabeza y corazón, es decir, con un acuerdo entre la razón y la afectividad. Cuando una persona actúa así, no tiene inteligencia y emociones, sino que posee «inteligencia emocional», que es una única capacidad formada por dos capacidades –inteligencia y emotividad–, que inicialmente están en conflicto, pero, con diálogo interior y esfuerzo por lograr acuerdos, acaban funcionando en armonía.

Esta capacidad *psicológica* positiva tiene dos funciones: una de actuación personal –IE operativa–, fruto de la unidad interior entre la inteligencia y la emotividad; y otra de conocimiento emocional –IE cognoscitiva–, que se refiere al conocimiento que se adquiere mediante el análisis racional de las emociones que se sienten y se producen por los sucesos o personas del entorno.

Se ha difundido mucho la afirmación de Blas Pascal: «el corazón –la afectividad– tiene razones que ni la razón conoce», pero que se pueden conocer mediante la introspección y, al conocerlas, se adquiere un conocimiento más profundo de las cosas. Así pues, hay un conocimiento lógico –racional– y otro emocional de la realidad, pero sumados producen un conocimiento más profundo que se llama «sabiduría».

La inteligencia emocional es un concepto elaborado, explicado y difundido por Daniel Goleman en su libro con ese mismo título publicado en USA en 1995 y en España en 1996. Por esta razón, vamos a tener muy en cuenta a este autor para iniciar este apartado. Con posterioridad, otros muchos autores han enriquecido el concepto con sus aportaciones personales, así como este libro aporta una visión propia.

En el inicio de su extenso manual, Goleman afirma que «la inteligencia emocional es la disposición que nos permite tomar las riendas de nuestros impulsos emocionales, comprender los sentimientos más profundos de nuestros semejantes, manejar amablemente nuestras relaciones o desarrollar lo que Aristóteles denominará la infrecuente capacidad de "enfadarse con la persona adecuada, en el grado exacto, en el momento oportuno, con el propósito justo y del modo correcto"»[1]. Este autor se apoya en ideas que Aristóteles recoge en su *Ética a Nicómaco*, que es un texto sobre la virtud, el carácter y la felicidad, y en el que argumenta «la necesidad de aprender a gobernar inteligentemente la vida emocional, pues las pasiones pueden abocar al fracaso con suma facilidad y, de hecho, así ocurre en multitud de ocasiones; pero cuando se hallan bien adiestradas, nos proporcionan sabiduría y sirven de guía a nuestros pensamientos, valores y supervivencia».

En este texto se va a definir la IE como una capacidad psíquica compuesta de dos elementos opuestos, que aportan conocimiento e impulso motivacional complementarios, que se integran armónicamente mediante la repetición de acuerdos prácticos entre la razón y voluntad, por una parte, y la afectividad, por otra. Para lograr esos acuerdos, ambas partes han de mantener un diálogo orientado al acuerdo, inicialmente, en

---

[1] *Ética a Nicómaco.*

pequeñas cosas para pasar después a otras más importantes.

Cuando una persona actúa de modo habitual impulsada por un acuerdo entre su razón, voluntad y afectividad, se puede afirmar que tiene IE, de lo contrario se tiene inteligencia y emociones, pero en conflicto. La IE es una capacidad *cuantitativa* —no cualitativa— porque su fuerza va creciendo o disminuyendo progresivamente según el esfuerzo que realiza cada persona por lograr acuerdos entre las dos fuerzas motivacionales intrínsecas en ella: la voluntad y la afectividad. Las capacidades *cualitativas* tienen dos opciones: se poseen o no se poseen.

Una persona con IE, al no tener un conflicto entre la razón y la afectividad, siente paz y alegría interior, pues el conflicto produce tensión y malestar afectivo que quita la alegría. Cuando los acuerdos interiores no se llevan a la práctica, no son verdaderos acuerdos, pues una de las partes no permite vivirlos, generalmente suele ser la afectividad, que siente emociones negativas —miedo, ira, tristeza— que bloquean la conducta exigida por el acuerdo. Una persona que habitualmente no cumple sus propósitos no tiene IE.

Analizando la definición de IE se llega a diferenciar dos tipos: una *positiva,* que coincide con la definición de Goleman y de Aristóteles, e impulsa a actuar de forma positiva para sí mismo y para los demás y produce bienestar interior –paz y alegría–, y hace sabia y buena a la persona.

En el tipo *negativo* de IE hay un acuerdo entre inteligencia y emotividad, pero para actuar de modo negativo, es decir, de manera perjudicial para la persona y su entorno. Es lo que ocurre con la mayoría de los malos comportamientos. En este caso, el acuerdo supone un sometimiento de la inteligencia a la afectividad, pues la razón justifica y busca razones lógicas para permitir que la afectividad impulse conductas que son negativas o malas con el fin de sentirse bien o no sentirse mal. El ejemplo paradigmático de este tipo de IE es el de una persona con adicciones o dependencias.

Los seguidores de la psicología positiva consideran que solo hay una IE: la positiva. Para estos autores, la IE tiene que producir estados mentales y conductas positivas en la persona, que implica que sean buenas. El conocimiento de la bondad de los comportamientos es una función de la inteligencia –razón– y su ejecución es consecuencia del impulso de la voluntad libre. Esto supone una armonía entre cabeza y corazón, que se logra con los acuerdos entre razón y afectividad, pero es una armonía jerárquica, es decir, que la última palabra o la aprobación es de la Inteligencia, no de la afectividad.

Cuando los acuerdos interiores son fruto de una imposición de la cabeza, es decir, con una sumisión de la afectividad, sin que esta sienta atracción o deseo por el acuerdo, subyace un conflicto interior que genera tensión psíquica o ansiedad habitual, que es el origen de muchos trastornos psicosomáticos y mentales –trastornos de ansiedad, depresión y adicciones–. Además, esta persona tiene su fuerza interior disminuida debido a que funciona con un solo motor –la voluntad–, pues el otro motor –la afectividad– está reprimido. Es como andar a la pata coja en vez de con las dos piernas. Por esta razón, es frecuente que acumulen cansancio –astenia– y se quemen –*burn out*–, que es un estado de ausencia de fuerza para hacer las cosas ordinarias de la vida y que se llama anergia. A este síndrome se ha denominado en otras épocas como: *surmenage*, psicastenia, neurastenia.

La IE *operativa* depende de un rasgo psicológico adquirido denominado «flexibilidad mental», pues para lograr un acuerdo se debe tener capacidad de ceder, de buscar alternativas aceptables para las partes, de mirar las cosas desde diferentes perspectivas para ver aspectos positivos detrás de unos negativos que producen rechazo e imposibilidad de acuerdo, y de ser capaces de entender que un logro parcial es mejor que nada. Esta flexibilidad mental permite evitar los conflictos internos y externos —con los demás—, que hacen sufrir a uno y a otros. Esta cualidad es más fácil de adquirir durante la infancia, con un entrenamiento específico y continuado. De lo anterior se deduce que una persona con frecuentes conflictos sociales está en conflicto consigo mismo de modo habitual, porque no tiene IE.

Este rasgo supone una flexibilidad de la inteligencia y de la afectividad. La primera es más fácil de lograr en las personas inteligentes, pues, razonando, llegan más fácilmente a verdades nuevas. La flexibilidad de la afectividad depende del control emocional que ejerce la voluntad sobre la sensibilidad emocional. Ese control depende de la tolerancia a la frustración o capacidad de sufrimiento, que impide que la intensidad de las emociones negativas provocadas por la frustración que acompaña al sufrimiento sea muy alta, pues las emociones muy intensas no pueden ser controladas por la voluntad. Cuando las emociones negativas son muy intensas, impiden que la razón piense con lógica y se actúa por impulso de la emoción. Este fenómeno lo califica Daniel Goleman con la expresión: «secuestro de la mente racional por las emociones».

La IE *cognoscitiva,* mediante el análisis intelectual de las emociones producidas por las percepciones, permite un conocimiento más profundo del mundo. En otro de mis libros la he denominado: «conocimiento emocional-reflexivo[2]». Se trata de un conocimiento que se adquiere reflexionando sobre el significado de las emociones generadas por las percepciones del entorno: personal, material y social. Y en otro libro la he denominado: «entender los afectos» que produce el mundo[3], que consiste en saber lo que se siente, la intensidad con que se siente, la causa que ha provocado esos sentimientos y sus consecuencias en el funcionamiento mental y en el comportamiento.

Cuando una persona percibe la realidad, adquiere un conocimiento racional y un conocimiento afectivo de ella, pues la realidad no deja indiferente, sino que produce una impresión emocional. Esta reacción emocional varía según

---

[2] *Análisis psicológico del hombre*, Fernando Sarráis, Ed. EUNSA.

[3] *Entender la afectividad*, Fernando Sarráis, Ed. Teconté.

las características objetivas de la realidad y de las experiencias previas del sujeto. Estas últimas le hacen ser más o menos sensible a los estímulos y determinan la cualidad o tonalidad de la emoción que suscitan los estímulos percibidos.

La mayoría de las personas emplean el conocimiento emocional de manera elemental, desconectado del conocimiento intelectual. Se conoce emocionalmente el mundo —me cae bien, me gusta, me aburre, me cansa, me irrita— pero no suscita una reflexión sobre su significado, sobre el motivo por el que produce tales emociones. Esa reflexión ayudaría a conocer con más profundidad la realidad, y esa es la función del «conocimiento emocional-reflexivo» o de la IE en su aspecto cognoscitivo.

Como la relación entre ambos tipos de conocimiento es bidireccional, también el conocimiento intelectual de la realidad puede modificar la impresión emocional inicial, como ocurre con algunas personas que, inicialmente, nos caen mal o nos disgustan, para después caernos bien o agradarnos cuando reunimos más información sobre ellas. También en estos casos sigue siendo interesante saber el motivo por el que inicialmente nos cayó mal, pues podría darnos un conocimiento particular sobre esas personas.

La integración de los conocimientos adquiridos por vía afectiva e intelectual mejora con un entrenamiento adecuado. Es lo que ocurre con los profesionales que se dedican a conocer a las personas en profundidad con fines terapéuticos o pedagógicos. En ellos la interpretación causal de las emociones sentidas al relacionarse con los demás es simultánea y automática, por un hábito adquirido al cuestionarse con frecuencia por esas causas. Además, la experiencia permite atender simultáneamente a las emociones propias y a la de los demás, que surgen en la interrelación, y así poder responder a la pregunta «¿por qué me siento así ante esta persona?».

Para mejorar en este tipo de «conocimiento emocional-reflexivo», es necesario tener en cuenta algunas precauciones. Hay sujetos que presentan un modo de comunicarse con los demás muy emocional, caracterizado por una exagerada expresividad —verbal y gestual— de sus vivencias, con el objetivo de provocar determinadas emociones en sus interlocutores y, en función de la cualidad e intensidad de dichas emociones, van modulando su propia expresividad. Se trata de una estrategia de manipulación emocional con el fin de lograr ciertos objetivos personales. Así pues, con estas personas se deberá extraer la verdadera información sobre su modo de ser aplicando un coeficiente de corrección basado en el grado de «histrionismo» del sujeto y en la reactividad emocional que uno mismo está sintiendo ante ese «histrionismo», pues si esa reactividad es pobre, el protagonista tenderá a exagerar más aún su conducta comunicativa, y viceversa.

El «conocimiento emocional-reflexivo» que se obtiene de una persona puede concordar o no con el conocimiento que de ella se ha obtenido por otros canales de información —lenguaje verbal, gestual, escrito—. En general, cuando el investigador o entrevistador es una persona experta, la concordancia de la información obtenida de fuentes diversas dependerá del grado de naturalidad, espontaneidad, transparencia, coherencia y sencillez del sujeto en estudio, es decir, de su asertividad. Los sujetos en los que no se dan estas características suelen ser personas que necesitan dar una impresión favorable para ser valorados positivamente por los demás. Lo cual les impulsa a exagerar y aumentar la información positiva que dan de sí mismos y a poner en sordina la negativa, tratando así de causar una impresión emocional favorable para que el observador les perciba como buenos y valiosos, y así les aprecie y les trate bien.

5. CREATIVIDAD

Es la capacidad mental que permite descubrir y aplicar mejoras en el entorno, es decir, posibilita aportar belleza, bondad y verdad, «creando» un mundo mejor. De una persona que estropea y desordena o comete errores y fallos no se afirma que es creativo, aunque añada cosas nuevas a su entorno.

La creatividad tiene una estrecha relación con el amor y con el compromiso, pues cuando alguien ama algo, se siente comprometido a mejorarlo, que es una recreación de lo ya existente. El amor mueve a la acción y al esfuerzo de pensar y actuar para aportar algo nuevo que mejore lo que se ama. Toda mejora de uno mismo, de los demás y del mundo es un acto de creatividad, y el amor es la fuerza que mueve a la voluntad a realizar esa acción.

El concepto de creatividad incluye el calificativo de útil al bien aportado, pues, si no lo es, suele no ser del todo bueno, aunque en el caso del arte su utilidad sea el deleite de los que lo contemplan.

Se trata de una capacidad general, es decir, que se puede aplicar a todas las acciones humanas, pero, cuando se aplica de modo reiterado a un tipo concreto de actividad —arte, ciencia, tecnología, literatura, diseño, música—, permite crear auténticas obras de arte y el autor se convierte en un genio o en un artista.

En la Tabla 3 se recogen algunas características que ayudan a ser creativo.

Tabla 3. Características psicológicas que ayudan a ser creativos

1. *Originalidad:* capacidad para tener nuevas ideas, perspectivas, soluciones prácticas y para dar usos nuevos a las cosas.

2. *Flexibilidad:* capacidad para imaginar y pensar las cosas de forma distinta.

3. *Fluidez:* capacidad para abandonar lo que no sirve o no es bueno y pasar con rapidez y decisión a algo nuevo que se intuye mejor.

4. *Razonamiento constructivo, divergente y convergente:* capacidad intelectual que permite pasar de modo lógico y coherente de unas ideas parciales o imperfectas a otras más completas y mejores, hasta llegar a elaborar un proyecto mental totalmente acabado y admirable. El pensamiento divergente permite explorar múltiples posibilidades, mientras que el convergente selecciona la mejor opción.

5. *Intuición:* capacidad intelectual para ver en la mente patrones de relación de las cosas con belleza, bondad y verdad no vista hasta entonces. Se relaciona con la afectividad, pues, cuando la mente ve esos patrones creativos, el sujeto siente unos afectos positivos –admiración, entusiasmo, sorpresa, euforia–, que le llevan a captar que eso que piensa, percibe o ve tiene algo de genial, lo que le impulsa a concretarlo y detallarlo y, sobre todo, a llevarlo a la práctica, a crearlo en la realidad.

6. *Capacidad para amar y comprometerse:* capacidad para captar lo bueno y amarlo. No se puede amar el mal, salvo por la parte de bien que tiene o al que se asocia. Cuando se ama, se siente el compromiso personal y el

impulso de contribuir a conservarlo, cuidarlo y mejorarlo, y para lograr este objetivo, se pone a su servicio todas las capacidades personales.

7. *Valentía:* capacidad para superar el miedo a sufrir por el error, el fracaso, el rechazo, la burla, la envidia y la crítica del *establishment* en el proceso creativo; y para tolerar la frustración que produce el retraso en encontrar la solución creativa.

Toda mejora empieza en el pensamiento, que busca nuevas aportaciones bellas, buenas y verdaderas —auténticas—. Esta función del pensamiento al servicio de la creatividad se llama «pensamiento creativo, divergente o lateral», pues difiere del pensamiento habitual de los coetáneos y de los antecesores.

La contemplación de la mejora creada produce intensos sentimientos positivos —alegría y euforia—, que van surgiendo, poco a poco, al acercarse a la solución creativa y avisan de que se va por buen camino. Además, al tener su origen en el amor, que se acompaña de alegría y entusiasmo, los sentimientos actúan en la creatividad como un radar que capta o como un GPS que indica el camino para llegar a la solución creativa. Es una especie de intuición emocional que orienta al pensamiento creativo y avisa de cuáles son las ideas y proyectos con visos de aportar una mejora. Por lo tanto, el pensamiento creativo requiere poseer inteligencia emocional, es decir, la coordinación del conocimiento racional y emocional para tener la suficiente fuerza para dar un salto que permite llegar a una nueva y mejor realidad. Es la afectividad positiva —paz y alegría—, que acompaña al amor, la que permite al pensamiento atreverse a explorar nuevas y brillantes aportaciones. Por el contrario, como ya se ha dicho, las emociones negativas —miedo, ira y tristeza— bloquean el pensamiento. Si una persona *está enfadada* porque no encuentra la solución, le resultará imposible encontrar nada nuevo. Si *tiene miedo* a fracasar o a no conseguir el premio con un proyecto innovador, se bloquea su pensamiento creativo. Si *está triste,* se siente desanimada y sin fuerzas para buscar la solución creativa.

La creatividad supone *valentía*, que es fuerza de voluntad para superar el miedo a sufrir por los errores previos al acierto, por el fracaso de lograr algo no concordante con la corriente de pensamiento del momento o por la crítica, la burla y la envidia de los demás que se resisten a admitir la genialidad del creativo.

Los padres y educadores deben animar a los jóvenes a que piensen y aporten soluciones nuevas a sus problemas, tareas y juegos. Han de evitar darles las soluciones hechas, ya que atrofia su pensamiento creativo; no castigarles por los fallos y errores, que son el camino de la mejora; y premiarles cuando hacen cosas novedosas, aunque inicialmente sean imperfectas, pues con el tiempo irán aportando novedades más perfectas, hasta llegar a la genialidad.

La creatividad de muchas personas y, en especial, de los creativos y genios ha tenido una importancia capital para el desarrollo de la humanidad, y será esencial para su desarrollo futuro. Por ello, se debe tener muy en cuenta que depende de una educación que la fomente.

6. FELICIDAD

La felicidad es un estado mental de bienestar y plenitud personal, que deriva de sentirse satisfecho con la propia vida, la manera de ser, los logros, las relaciones sociales y las circunstancias ambientales. Es subjetiva e inestable, pues varía de una persona a otra y de un momento de la vida a otro, y nunca es plena porque siempre se puede ser más feliz.

El deseo de felicidad se manifiesta en el hecho de que toda persona anhela que los libros y las películas acaben bien, es decir, que los buenos sean felices y los malos sean desgraciados. El lector y el espectador, al identificarse con el bueno, puede sentir esa felicidad de modo vicario. Otras veces lleva a la persona a refugiarse en la fantasía para construir un mundo ideal donde las cosas ocurren como se desea para ser feliz.

Al ser humano no le basta con ser feliz en el mundo de ficción y de fantasía, anhela ser feliz en el mundo real, y lo quiere también para los que ama, lo cual se plasma en la costumbre de desear feliz Navidad, felices Pascuas, feliz cumpleaños y de felicitar en diferentes situaciones agradables, como las bodas, embarazos, premios.

Para acabar la vida feliz, como en los libros y las películas, hay que vivir feliz cada día, pues, si no somos felices hoy –por una determinada circunstancia–, mañana no lo seremos por otra, y el último día, cuya fecha no conocemos, nos encontrará sin saber cómo ser felices en las circunstancias de ese día. De lo anterior se deduce que las personas que no consiguen ser felices porque el mundo exterior nunca es como debe ser, son dependientes del entorno, es decir, no son libres para ser felices interiormente cuando el exterior no les gusta.

En la cultura occidental actual se educa en la convicción de que la felicidad viene de fuera: es un producto que proveen los padres, los amigos, los estamentos sociales y estatales; es consecuencia de la adquisición de cosas con el dinero de los padres, créditos bancarios, herencias; se logra con éxitos, triunfos, metas valiosas, fama, prestigio, reconocimientos, medallas; o acompaña al disfrute de los sentidos –comiendo, bebiendo, viendo, oliendo, tocando, oyendo–. Todas estas cosas producen sensaciones y sentimientos agradables, pero la felicidad es algo superior, que también hace sentirse bien afectivamente, pero, sobre todo, produce una alegría profunda y duradera. Se acompaña de una alegría pura, sin mezcla de otras emociones negativas, como el miedo a que se acabe o el sentimiento de culpa por ser egocéntrica o por haberla conseguido de modo inadecuado.

La idea clave para conseguir vivir una vida feliz, y así envejecer y morir feliz, es que la felicidad tiene su origen dentro de cada persona, tiene relación con estar consigo mismo en paz —sin conflictos interiores— y alegre de modo habitual, y esto depende de que se viva de una determinada manera: haciendo el bien que propone la razón en la conciencia, queriéndolo libremente con la voluntad y deseándolo —o disfrutándolo— con la afectividad. Es decir, depende de lograr vivir con una armonía entre cabeza y corazón —entre razón, voluntad y afectividad—, pues el conflicto entre ellas quita la paz y la alegría.

Partiendo de la idea de que la felicidad tiene su origen en el interior de cada persona cuando se vive de una determinada manera —que se denomina «vivir bien»—; a continuación, se van a explicar algunos modos de vivir que facilitan ser feliz –Tabla 4–. La persona que desarrolla esta capacidad de vivir bien tiene la capacidad de ser feliz, que es la cualidad estudiada por los seguidores de la psicología positiva.

Tabla 4. Modos de vivir para ser felices

1. Hacer el bien con libertad.

2. Amar y ser amado.

3. Hacer sentirse bien a los demás.

4. Contemplar la belleza, la bondad y la verdad.

5. Descubrir nuevas verdades y darlas a conocer.

6. Liberarse del condicionamiento social.

1. Hacer el bien con libertad

El ser humano tiene «una necesidad de», «una atracción por» y «una tendencia al» bien, porque de él depende la felicidad. Toda persona se siente bien cuando hace el bien y lo hace bien, es decir, con la perfección que puede hacerlo. En esta realidad se basa el impulso de toda persona, desde la niñez, a repetir las cosas una y otra vez hasta que se hacen correctamente.

Así pues, tener una voluntad fuerte para perseverar en el empeño por mejorar permite alcanzar niveles altos de felicidad. Esta atracción por el bien y por lo bueno explica también la admiración y el amor que producen las personas que actúan bien y son buenas.

El buen comportamiento tiene una vertiente externa, que pueden ver los demás, y otra interna, que solo la ve el propio sujeto, como ocurre con los juicios de la razón, los recuerdos, las fantasías, las tendencias y los sentimientos. Para ser feliz, tiene más importancia la buena actuación interior que la exterior, porque hace a la persona profundamente buena y digna de ser amada. Además, resulta muy difícil comportarse bien por fuera de modo habitual si se es malo por dentro, que es consecuencia de la repetición de malas actuaciones interiores. Además, un ingrediente importante de algo bien hecho es haberlo hecho con libertad –porque quiero–, que es una cualidad esencial del ser humano.

Por el contrario, toda mala actuación produce sentimientos negativos –frustración, ira y tristeza– en la persona que actúa –salvo que sea un psicópata– y en los demás, lo cual impide o dificulta ser feliz a unos y otros. También hay una vertiente interna y otra externa en la mala actuación, y también es la interna la que más infelicidad produce. Aunque, en el caso de una acción mala realizada sin libertad, es decir, por impulso irrefrenable de los sentimientos negativos –miedo, ira, tristeza–, el sujeto se siente menos responsable e infeliz que cuando actúa mal por un querer de la voluntad y, por tanto, responsable y culpable.

Resumiendo, para hacer el bien, y no hacer el mal, de modo habitual y libre, y así ser feliz, es preciso tener una fuerte voluntad, ya que el bien es más costoso que el mal. Y para adquirir esa fuerza –fortaleza–, es preciso ejercitar la voluntad desde la primera infancia y perseverar en ello todos los días, haciendo lo que se debe hacer, aunque cueste.

2. Amar y ser amado

Si preguntamos a alguien, o a nosotros mismos, en qué situaciones somos felices, la respuesta más frecuente será: «cuando estamos con personas que nos quieren y a las que queremos». La razón de esta relación entre amor y felicidad es la necesidad natural de amar y ser amados.

Las necesidades satisfechas producen felicidad, mientras que las insatisfechas producen infelicidad. La necesidad de amor es de mayor rango o importancia que las demás necesidades –físicas y psicológicas–, por lo que su satisfacción tiene una mayor relevancia para ser feliz. Existe una relación positiva entre amar y ser amado, pues «cuanto más amor damos, más amor recibimos». Relación que aparece en muchas culturas y en muchos escritos con la expresión «se recoge lo que se siembra: siembra amor si quieres recoger amor», que es una elaboración de la frase de *Gálatas* 6, 7 que dice: «No os engañéis; Dios no puede ser burlado: pues todo lo que el hombre sembrare, eso también segará».

Por otra parte, para ser amado se ha de poseer algo bueno, pues lo malo no se puede querer, sino que es rechazado. Además, es frecuente que la persona mala se porte mal y haga daño, y produzca rencor y odio, que son sentimientos opuestos al amor. Cuanto más buena es una persona, más fácil y con más intensidad es querida por los demás y por ella misma. En correspondencia, también amará a mucha gente y lo hará con más intensidad, y de esta manera será muy feliz.

Por esta relación entre el amor y la felicidad, cuanto más feliz se quiere ser, más se ha de amar. Pero también hay una estrecha relación entre el amor y el sufrimiento, «sufrir por amor», se dice: porque el ser amado sufre, porque no me corresponde como deseo, porque está lejos físicamente, porque no se comporta bien o sanamente. Así pues, el amor es una moneda con cara y cruz: felicidad y sufrimiento. Y, como el sufrimiento produce rechazo, existe el peligro de que apague o impida el amor, si no se aprende a sufrir bien.

También hay una fuerte relación entre el amor a uno mismo y el amor a los demás. Hay personas que no se quieren –no quieren al Yo real– pues quieren a un hombre perfecto o ideal, y esperan a ser así para quererse. Estas personas tampoco son capaces de querer a los demás como son, sino que les exigen que sean como ellos desean para amarlos. Este modo de amar es un *amor interesado, condicionado y egocéntrico*, pero no es el *amor verdadero,* que es *incondicional, desinteresado y altruista.* En el polo opuesto están las personas que se quieren tanto a sí mismas –calificadas de narcisistas y ególatras– que, al estar siempre pensando en sí mismas, no son capaces de percibir y pensar en las cualidades buenas de los demás y, por eso, no pueden quererlos. Por lo tanto, lo correcto es seguir el consejo del segundo mandamiento cristiano: «amar al prójimo como a uno mismo» y luchar por lograr ese equilibrio entre el amor a uno mismo y a los demás.

Algunas personas identifican el amor con el *sentimiento* amoroso y les parece imposible amar a alguien cuando no se *siente* amor por alguien, y piensan que es una utopía amar al enemigo –al samaritano– como se pide en la Biblia. En cambio, si se entiende que el amor es un querer libre de la voluntad, se puede querer a alguien que hace sufrir, como ocurre con las madres que quieren a sus hijos incluso cuando les causan sufrimiento. En esta última concepción del amor encaja bien el conocido dicho «obras son amores», pues se puede tratar bien al enemigo porque se le quiere amar, aunque no se tengan *sentimientos* positivos hacia él. Suele ocurrir que, si se persevera en el buen trato hacia algo o alguien, con el paso del tiempo, se acabe sintiendo afecto –sentimiento– por ellos. Así pues, «*querer* –amar– abre la puerta a poder *sentir* amor», aunque esa transición es más rápida cuando lo que se desea querer tiene cierta bondad y no produce un continuo o intenso sufrimiento, lo cual origina sentimientos de rechazo opuestos a la atracción que produce el amor.

3. Hacer sentir bien a los demás

Una manera de amplificar la felicidad que produce el buen comportamiento es hacer el bien a los demás para que se sientan de la misma forma. De esta manera, la persona se siente doblemente feliz: por hacer algo bien y por hacer sentirse bien a los demás, en especial a los seres queridos. Esto explica la extendida costumbre de invitar, regalar, ayudar, escuchar y alabar a los demás. Esta acción con un doble efecto de felicidad es una habilidad social positiva que facilita la adaptación y la aceptación social. El mal comportamiento también puede duplicar su impacto negativo sobre la felicidad cuando hace sufrir a los demás, en especial a los seres queridos.

La tendencia a tratar bien a los demás para que se sientan bien se relaciona con la tendencia natural al bien, que nos hace buenos y nos produce una intensa satisfacción –felicidad–. Esta tendencia se denomina «altruismo» y da lugar a multitud de iniciativas de caridad y ayuda a los demás por todo el mundo. En la Biblia, donde se recogen todas las enseñanzas básicas sobre el ser humano, aparece la conocida máxima que expresa bien esa tendencia natural: «hay más alegría en dar que en recibir» (*Hch* 20, 35).

Una persona egoísta, que solo trata bien a sí misma, puede lograr sentirse bien y alcanzar cierta felicidad en su vida, pero muy inferior a la felicidad de la persona que de modo habitual trata bien a los demás. Y, por supuesto, la persona que sistemáticamente trata mal a los demás no puede ser feliz. Esta última suele ser una persona frustrada, amargada, traumatizada por no haber podido, sabido o querido asimilar los sufrimientos de su vida y, haciendo sentirse mal a los demás, le embarga un leve alivio de su malestar, al no encontrarse sola en el sufrimiento. Esta última realidad ha dado lugar al refrán: «mal de muchos, consuelo de tontos». De tontos, pues no es muy racional, sino emocional, hacer sufrir a los demás para que nos acompañen en el sufrimiento y así evitar el sufrimiento añadido que produce el sentimiento de soledad. Así pues, se trata de una persona impulsada por sentimientos negativos.

Por el contrario, los sentimientos positivos –paz y alegría– facilitan poder tratar bien a los demás, incluso a los enemigos, lo cual lleva a sentirse aún mejor. De ahí la conveniencia de proteger la propia afectividad para que los sufrimientos habituales de la vida no produzcan los naturales sentimientos negativos, que impiden tener los positivos y tratar bien a los demás.

Con un entrenamiento continuado de la voluntad se puede mantener un trato agradable con los demás, incluso cuando se tienen sentimientos negativos. En este caso, por el efecto positivo en la propia afectividad del trato amable, disminuirán los sentimientos negativos, hasta hacerlos desaparecer, y se evita así el «círculo vicioso negativo»: sentirse mal, tratar mal a los demás, sentirse peor, tratar peor a los demás.

La felicidad que produce hacer sentir bien a los demás es aún mayor cuando se trata de personas que se aman. Y, por el contrario, tratar mal y hacer sufrir a los que se ama produce gran infelicidad. Esto último ocurre cuando no se posee un buen dominio de sí mismo y los sentimientos negativos impulsan a comportarse mal. El autodominio es una característica de las personas con una fuerte voluntad, que se consigue con un entrenamiento diario por evitar los sentimientos y las conductas negativas.

Como ya se ha comentado anteriormente, para hacer sentirse bien a los demás es necesario poseer *empatía*, que es la capacidad que permite conocer cómo se sienten los demás. Permite captar las necesidades psicológicas de los demás en un momento determinado y la manera de satisfacerlas para que se sientan bien. Es muy difícil desarrollar la empatía si la atención está habitualmente dirigida hacia uno mismo: a los deseos, necesidades, ilusiones, objetivos personales. En cambio, se desarrolla con el hábito de pensar en los demás, en cómo se pueden estar sintiendo y, para saber responder a esa pregunta, hay que preguntarse cómo nos sentiríamos en su lugar, en esa situación y en ese momento concreto, y qué nos gustaría que hiciesen por nosotros para sentirnos bien. Este ejercicio mental es lo que se llama «ponerse en el lugar de los demás». Los que no tienen empatía suelen «ir pisando callos» a los demás y son rechazados socialmente.

Vale la pena vivir intentando hacer sentir bien a las personas que tratamos, pues muchos de ellos, impulsados por la tendencia natural a la correspondencia, nos tratarán bien y, sobre todo, tendrán más fácil querernos, lo que nos hará sentirnos amados y felices. A veces, alguna persona, para poder vivir este consejo, primero tiene que empeñarse por suprimir el hábito de hacer sentir mal a los demás, para luego conseguir que se sientan bien.

4. Contemplar la belleza, la bondad y la verdad de los seres que nos rodean

Contemplar significa recrearse, considerar con detenimiento, prestar una atención intensa y mantenida para percibir hasta los detalles más pequeños, y dejar que calen hondo en la mente y en el corazón para que produzcan intensos sentimientos de paz y alegría, que son los que surgen al captar lo bello, bueno y verdadero.

El ser humano nace imperfecto, necesitado, indefenso, y tiene que esforzarse para lograr lo que necesita y quiere, lo cual produce cansancio y sufrimiento. Esta realidad ha dado lugar al dicho «el que algo quiere, algo le cuesta». Por eso, en la vida de toda persona son más frecuentes los sentimientos negativos que los positivos. Para soportarlos y evitarlos, tiene que buscar experiencias agradables que produzcan sentimientos positivos, que actuarán como un antídoto de los negativos. Las experiencias gratificantes más habituales son: *el amor* recibido de los padres, hermanos, parientes y amigos; *el progreso* personal que recibe el reconocimiento de los demás y hace sentir bien a los que nos quieren; y *la contemplación* de lo bello, bueno y verdadero que nos rodea. Esto último da lugar a la costumbre de rodear a los seres queridos de cosas y personas con estas tres cualidades positivas y enseñarles a disfrutar de ellas para que sean felices.

Pero, para poder enseñar a contemplar, se necesita un aprendizaje previo. Esto se logra con la práctica diaria, que empieza por prestar atención a lo positivo y dejar de atender lo negativo, para pasar luego a dejarse afectar emocionalmente por la percepción de las cosas positivas. Conviene comenzar por la contemplación de los detalles pequeños y materiales, que se captan por los sentidos, para pasar a contemplar lo invisible a los sentidos, por ser abstracto, como son las cualidades positivas de las personas: bondad, sencillez, humildad, generosidad, optimismo.

Si se consigue ser contemplativo, se puede ser muy feliz escuchando una bella música, viendo un bonito amanecer, saboreando una exquisita comida, viendo disfrutar a un niño con una mascota, escuchando hablar a una persona sabia, conversando con una persona encantadora, viendo una película magistral.

Para poder contemplar la belleza, bondad y verdad del mundo exterior, es preciso tener paz y alegría en el mundo interior, es decir, es necesario estar en paz y contento con uno mismo, pues las emociones negativas predisponen a percibir lo malo y tiñen el mundo de negativismo –fealdad, maldad y falsedad–. Se podría decir que, para entrar en sintonía con lo positivo del mundo exterior, es preciso poseer un mundo interior positivo.

5. Descubrir nuevas verdades y darlas a conocer

Así como es necesario amar y ser amado para ser feliz, también conocer y dar a conocer hace feliz. La inteligencia implica una necesidad de conocer la verdad de las cosas del *presente*, y la busca en los medios de comunicación; del *pasado*, y la busca en los libros y documentales históricos; y del *futuro*, y la busca leyendo y escuchando a los expertos en tendencias y a los analistas del futuro. La satisfacción o insatisfacción de esta necesidad produce felicidad o infelicidad.

Conocer produce seguridad y tranquilidad, pues permite saber cómo comportarse bien, lo cual hace sentirse bien, y evita cometer errores, que producen malestar. *Conocer* cómo funciona un aparato de uso habitual, cómo se cocinan ciertos alimentos, cómo se toca un instrumento musical, cómo se habla un idioma, cómo se arregla un desperfecto, dónde venden los productos de necesidad, cómo se cumplimentan unos documentos, produce satisfacción y alegría. Tener los conocimientos que permiten *entender* el mundo en el que se vive, aunque no tenga repercusión directa en el comportamiento personal, también produce felicidad.

Así pues, la relación entre saber y felicidad comprende el saber especulativo –teórico– y el saber pragmático –práctico–. Por el contrario, la ignorancia, el error, la duda, la incertidumbre producen sentimientos negativos –frustración, inseguridad, ira, tristeza–, que dificultan ser feliz.

Cultivar el afán de saber de los niños les permitirá tener muchos momentos de felicidad en la vida adulta, porque les permite la adquisición de nuevos conocimientos, lo cual es mucho más fácil hoy en día a través de las nuevas tecnologías.

Una buena estrategia para fomentar el afán de saber de los niños y de los jóvenes es explicarles el funcionamiento de las cosas y la causa de los sucesos con los que se encuentran cada día. En su vida adulta, ellos mismos buscarán por sus medios conocer el funcionamiento de las cosas y las causas de esos sucesos y, así, tendrán un conocimiento profundo de la realidad, que les producirá una honda satisfacción. Estos adultos suelen mantener y aumentar ese afán de saber leyendo libros de pensamiento y oyendo a expertos en las materias que les interesa, y de su mano llegarán a profundidades del saber a las que no podrían llegar solos.

El conocimiento de la realidad es siempre parcial, lo cual genera interrogantes que impulsan a buscar nuevos conocimientos para completar los anteriores; pero esto es más frecuente en las personas con afán de saber. Esto es lo que llevó al sabio Sócrates a decir que «solo sé que, no sé nada», pues es una experiencia general que, cuanto más se sabe de algo, más se sabe sobre lo que se ignora de ese algo. Por el contrario, se dice de los ignorantes que, cuando saben algo, creen que saben todo de ese algo y son pretenciosos, por lo que sufren la burla y rechazo de los demás.

La felicidad que produce conocer nuevos aspectos de la verdad y profundizar en ella tiene, como ocurre con el amor, un complemento hacia afuera, hacia los demás, que se manifiesta en la felicidad que produce dar a conocer lo que se sabe, especialmente a las personas queridas. Por esta razón, una de las profesiones que más contribuyen a ser feliz es la de profesor, si se ejerce por un motivo recto, que es el afán de «enseñar al que no sabe»[1], y no por mero interés económico. Así pues, un modo sencillo y barato de hacer feliz a alguien es pedirle que cuente cosas que sabe y escucharle con interés. Existe también una estrecha relación entre la profundidad

---

[1] Primera obra de misericordia espiritual deducida del Antiguo Testamento: como dice el libro de Daniel: «los que enseñan la justicia a la multitud, brillarán como las estrellas a perpetua eternidad» (*Dn* 12, 3b).

del conocimiento que se transmite y la felicidad que produce transmitirlo. Esta relación explica la difusión de las conferencias, documentales y tutoriales que aparecen en las redes sociales, que son reflejo de las antiguas conferencias y tertulias que se tenían en los casinos y en los centros culturales.

6. Liberarse del condicionamiento social

Ya se ha comentado más arriba la importancia de la libertad para ser feliz, y, sobre todo, de la libertad interior. La falta de libertad ahoga psicológicamente, pues mantiene insatisfecha la necesidad de autonomía, autorrealización y protagonismo en el propio vivir, que se manifiesta por primera vez a la edad de tres años con la primera etapa del «no», en la que los niños responden de forma negativa a todo lo que los adultos les piden. La segunda etapa es la adolescencia.

Esta necesidad de libertad hace que el peor castigo social sea el ingreso en una cárcel, por la privación de libertad. Paralelamente, se puede decir que el peor castigo individual es estar encerrado en sí mismo sin poder decir lo que se piensa, se siente, se necesita o se desea; y sin lograr hacer lo que se quiere por miedo a sufrir el juicio negativo, la burla, el rechazo y el abandono de los demás y, sobre todo, de los seres queridos. Esto último es lo que se denomina «condicionamiento social». Hoy en día, una forma extrema de este condicionamiento se incluye en el denominado «maltrato psicológico».

Una manifestación de la felicidad que produce la libertad interior es el deseo de estar con las personas que nos quieren, pues con ellas podemos ser nosotros mismos, tal como somos, porque no tenemos miedo a que nos hagan daño, pues los que aman tratan de hacer felices a los seres queridos. Aunque, también en estos casos, el sujeto con mucho temor a perder el cariño de los demás puede sentir disminuida su libertad por el condicionamiento social.

Otra manifestación de la necesidad de libertad interior es el malestar que se siente cuando los demás, especialmente los seres queridos, tratan de obligarnos a hacer cosas no deseadas mediante chantaje y manipulación emocional, que consiste en provocar miedo con una intensidad suficiente que evite nuestra actuación libre contraria al parecer del que condiciona.

Como la felicidad es directamente proporcional a la intensidad de la libertad con que se vive, conviene practicar todos los días el actuar libre, por fuera y por dentro –pensamiento, memoria, percepción, afectividad e imaginación–, para progresar en libertad. Este entrenamiento consiste en *hacer las cosas porque se quiere*, no solo porque apetece, que es un impulso de la afectividad, y *no hacer las cosas porque no se quiere*, y no por temor, vergüenza o tristeza que son sentimientos negativos.

Una persona carece de libertad cuando no puede hacer algo bueno que quiere o no puede dejar de hacer algo malo que no quiere. Conviene que se percate de ello para tratar de recuperar el terreno perdido en el camino de su libertad, si quiere ser feliz, en el presente y en el futuro, pues el futuro depende de la lucha en el presente; y debe estar prevenido contra el condicionamiento social, que es una causa frecuente de la falta de libertad.

7. Sentido o propósito en la vida

Es la capacidad mental para encontrar rápidamente un *sentido positivo* a lo que se hace o se padece, y para hallar un *motivo valioso* por el que hacer lo que se debe hacer. Se acompaña de la sensación de que la propia vida tiene un fin que vale la pena conseguir. Victor Frankl, en su famoso libro *El hombre en busca de sentido*, relata su experiencia en el campo de concentración de Auschwitz y señala que la gran diferencia entre los prisioneros que seguían luchando por sobrevivir a sus dramáticas condiciones y los que se suicidaban cada noche, era poseer o no un sentido a su existencia y a su sufrimiento. Además, afirma que, cuanto más noble y elevado era ese sentido o propósito de vivir, mejor era su adaptación a las condiciones de su vida.

A continuación, se exponen algunas estrategias para descubrir el propósito o sentido de la propia vida –Tabla 5–[2].

Tabla 5. Estrategias para descubrir el sentido de la vida

1. *Exploración personal:* el propósito de la propia vida no viene dado con la herencia genética ni con las costumbres sociales del entorno, sino que es un descubrimiento personal fruto de una reflexión interna sobre los motivos por los que nos interesan y amamos las cosas. La clave para descubrirlo es la pregunta sobre los motivos profundos que nos mueven a hacer lo que hacemos.

---

[2] ChatGPT

2. *Alineación con los valores:* el sentido de la vida suele estar relacionado con la coherencia entre comportamiento y creencias profundas. Vivir cumpliendo las exigencias de los propios valores es un gran propósito en la vida, porque produce armonía interior y satisfacción personal.

3. *Ayudar a los demás:* el sentido profundo de la vida de muchas personas es el servicio a los demás, ya sea en la familia, la comunidad o a la humanidad. La persona para la que el servicio es su propósito vital es calificada como altruista o caritativa. Desde la antigüedad se sabe que «da más alegría dar que recibir» y, por eso, muchas personas escogen este propósito para su vida.

4. *Desarrollo personal y crecimiento:* algunas personas encuentran sentido a su vida a través del autodescubrimiento, el aprendizaje constante, la creatividad o el crecimiento personal. Lograr metas personales o superar desafíos es una fuente importante de significado para la vida. Pero, dado que el hombre es un ser social, es decir, un ser para amar —el amor a Dios, a los demás, a la humanidad, a las causas nobles—, produce mayor felicidad que el amor egocéntrico.

5. *Adaptabilidad y flexibilidad:* el sentido de la vida no es algo fijo, puede evolucionar con el tiempo a medida que cambian las circunstancias y perspectivas. Muchas veces, el propósito se redefine a lo largo de los años según las experiencias y el desarrollo personal.

Tener un propósito importante en la vida tiene muchas consecuencias positivas para la propia existencia y para los demás, en la Tabla 6 se explican brevemente algunas de las más importantes.

Tabla 6. Consecuencias positivas de tener un propósito en la vida

1. *Motivación y bienestar:* las personas con un propósito claro suelen ser más luchadoras y perseverantes ante los desafíos. Tener una finalidad digna por la que vivir y sufrir proporciona un impulso y energía para superar obstáculos y alcanzar las meta que llenan, satisfacen y hacen feliz.

2. *Reducción de estrés y ansiedad:* el propósito ofrece una dirección y una meta cierta y atractiva cuando la vida parece incierta o caótica. Aporta seguridad y confianza en lo que se debe hacer y cómo se debe hacer. La seguridad produce tranquilidad y calma. Sa-

ber que se tiene una misión, una vocación, algo importante que hacer, previene el vacío y la angustia existencial de vivir y sufrir sin rumbo o sin sentido.

3. *Conexión social:* un propósito elevado implica siempre el bien de los demás –familia, compañeros, colegas, ciudadanos, humanidad–, por lo que impulsa al trato positivo con los demás. Y como el signo positivo es un signo de unión, estas personas desarrollan vínculos de amor fuertes y duraderos con los demás, que son fuente de felicidad para ambas partes.

4. *Longevidad:* los resultados de muchas investigaciones sugieren que las personas con un propósito de vida claro y valioso tienden a vivir más tiempo, con mayor bienestar y mejor salud, ya que el deseo de cumplir su misión en la vida les motiva a conservar los hábitos saludables y a mantenerse activos mentalmente.

El propósito o sentido de la vida es algo muy personal que va cambiando con el tiempo: se encuentra, se pierde, se mejora o se deteriora, en relación con la experiencia positiva y negativa y con la capacidad de asimilación y adaptación a ella.

Encontrarlo suele ser un proceso gradual, pero también puede ser un descubrimiento instantáneo debido a un acontecimiento impactante.

A medida que se pasa por las diferentes etapas de la vida: las prioridades, los intereses y los amores van cambiando. Lo que fue significativo en la juventud puede dejar de serlo en la adultez o en la vejez. Para mantener un sentido elevado de la propia vida, es necesario el hábito de realizar un examen sincero y profundo de los motivos por los que se hacen las cosas en el día a día, para descubrir los desvíos e incoherencias con las creencias o principios personales.

Las personas con resiliencia, que se recuperan pronto y totalmente del impacto emocional negativo que produce el sufrimiento, tienen también esta capacidad de dar un sentido positivo a las experiencias negativas, y utilizan esta estrategia para recuperar el bienestar psicológico cuando lo pierden.

8. Flujo o concentràción en lo que se está haciendo

El *flujo* –*flow* en inglés– es la capacidad mental de mantener la atención máxima en la tarea interna o externa del momento presente con el fin de realizarla lo mejor posible. Supone cierta independencia emocional del posible resultado de dicha acción. Así pues, las dos características principales de esta capacidad son la completa inmersión y la óptima ejecución de la tarea que se está realizando. En el estado de flujo de actividad, la persona experimenta una sensación de enfoque total, energía y disfrute. Esta persona tiene la capacidad para rechazar rápidamente las distracciones, por eso suele considerarse que es la cara opuesta al trastorno por déficit de atención.

Cuando se habla de flujo como *fortaleza personal*, se refiere a la capacidad de entrar en ese estado de manera consciente y de utilizarlo para mejorar el rendimiento, la creatividad y el bienestar emocional. Permite vivir habitualmente en el hoy y ahora, en la realidad y luchando por hacer cosas buenas. Ejemplos de flujo en la vida cotidiana son el músico que pierde la noción del tiempo mientras compone o toca un instrumento, el deportista en estado de forma cuando entrena y el escritor que fluye con las palabras sin esfuerzo.

El flujo, cuando se domina, se convierte en una herramienta poderosa para alcanzar la excelencia personal y profesional. Cuando esta fortaleza se contagia a las personas del entorno, potencia al máximo el progreso, la colaboración y el bienestar colectivo, pues produce una sincronización de los esfuerzos de todos los miembros del grupo –*Group Flow*–. Este estado estimula y potencia la creatividad, la capacidad de resolver problemas y lograr notables avances en la ciencia, el arte y la tecnología.

El flujo se considera un *superpoder* de la humanidad porque relaciona el rendimiento individual excelente con un elevado progreso social, pues permite enfrentar los retos personales y sociales con creatividad y unidad.

7. FORTALEZAS PERSONALES
HUMAN STRENGTHS

El término «fortalezas personales» es la traducción del original *Human Strengths*, acuñado por los fundadores de la Psicología Positiva Martin Seligman y Christopher Peterson. Se refiere a la característica psicológica positiva y valiosa que se adquiere a lo largo de la vida por el ejercicio repetido de la voluntad bajo la dirección de la razón, que es la que juzga lo que es valioso; y permite comportarse de modo positivo o de una manera buena.

Estas fortalezas son cualidades o rasgos del carácter que se pueden aprender, potenciar, debilitar o perder con el tiempo, a diferencia de las capacidades que tienen una base biológica –temperamento– que se van desarrollando con la práctica.

Algunos autores consideran que el término de «fortaleza personal» es sinónimo del término «virtud». Esta equivalencia se puede apreciar al ver el nombre de alguna de ellas: humildad, valentía, esperanza, perseverancia, honestidad, laboriosidad, lealtad, justicia, prudencia. El número e intensidad de las fortalezas difiere de una persona a otra.

La lista de fortalezas que aportan los autores de la psicología positiva es larga y va aumentando con el tiempo. Su clasificación es un intento de mostrar la cara opuesta –cara positiva– a la clasificación de las enfermedades mentales que se recogen en los manuales de diagnóstico –cara negativa–. De hecho, han elaborado un manual de clasificación de las fortalezas denominado CSV –*Character Strengths and Virtues*– que contraponen al DSM –*Dianostic and Statistical Manual of Mental Disorders*–. Potenciar la adquisición y el desarrollo temprano de estas cualidades permite vivir con mayor bienestar y felicidad, y previene la aparición de muchas de las enfermedades mentales de tipo neurótico.

Los fundadores de la psicología positiva han elaborado un inventario para medir las fortalezas de cada persona, el VIA-IS –Values in Action Inventory of Strengths–, y han definido 24 fortalezas, agrupadas en 7 categorías: sabiduría, coraje, humanidad, justicia, moderación y trascendencia y que se recogen en la Tabla 7.1 y la Tabla 7.2.

Tabla 7.1. VIA-IS–*Values in Action Inventory of Strengths*– recognizes 24 *character strengths organized under six core virtues* –Christopher Peterson y Martín Seligman –versión original–

1. *Wisdom*: creativity, curiosity, judgment, love of learning, perspective.

2. *Courage*: bravery, perseverance, honesty, zest.

3. *Humanity*: love, kindness, social intelligence.

4. *Justice*: teamwork, fairness, leadership.

5. *Temperance*: forgiveness, humility, prudence, self-regulation.

6. *Transcendence*: appreciation of beauty and excellence, gratitude, hope, humor, spirituality.

Tabla 7.2. Fortalezas personales
versión traducida

1. *Sabiduría:* fortaleza intelectual que impulsa a buscar y compartir el conocimiento con otros: curiosidad, deseo de aprender, apertura de mente –pensamiento crítico–, creatividad –originalidad, ingenio–, perspectiva –sabiduría–.

2. *Coraje:* fortaleza volitiva que impulsa a conseguir nuestras metas a pesar de las dificultades internas y/o externas: valentía –valor–, persistencia –perseverancia, diligencia, laboriosidad–, honestidad –integridad, autenticidad–, vitalidad –pasión, ilusión, entusiasmo, vigor, energía–.

3. *Humanidad:* fortaleza social que impulsa a establecer relaciones interpersonales de afecto y cuidado hacia los demás: amor –capacidad de amar y ser amado–, amabilidad –generosidad, apoyo, cuidado, compasión, altruismo, bondad–, inteligencia social –inteligencia emocional–.

4. *Justicia:* fortaleza moral que impulsa a cumplir las obligaciones éticas y morales hacia los demás: ciudadanía –responsabilidad social, trabajo en equipo–, justicia –equidad–, liderazgo –carisma–.

5. *Moderación* –Templanza–: fortaleza cognitiva que impulsa a actuar bien y protege de los posibles excesos: perdón-compasión –capacidad de perdonar-misericordia–, humildad –modestia–, prudencia –discreción, cautela–, autocontrol –autorregulación–.

6. *Trascendencia:* fortaleza espiritual que impulsa a buscar un sentido y propósito a la vida: apreciación de la belleza y la excelencia —asombro, admiración, fascinación—, gratitud, esperanza —optimismo, visión y orientación de futuro—, sentido del humor —diversión—, espiritualidad —religiosidad, fe, propósito—.

Sabiduría	Coraje
• Curiosidad • Deseo de aprender • Apertura de mente • Creatividad • Perspectiva	• Valentía • Persistencia • Honestidad • Vitalidad
Humanidad	**Justicia**
• Amor • Amabilidad • Inteligencia social	• Ciudadanía • Justicia • Liderazgo
Moderación	**Trascendencia**
• Misericordia • Humildad • Prudencia • Autocontrol	• Apreciación belleza • Gratitud • Esperanza • Humor • Espiritualidad

Los seguidores de la psicología positiva siguen ampliando el número de cualidades positivas que estudian y difunden. Algunas de las más recientes son: *aceptación* –asimilación–, *análisis* –capacidad de reflexión–, *armonía* –equilibrio–, *conocimiento* y *manejo emocional, cooperación, crecimiento* –afán de superación–, *compromiso, organización* –estar preparado para el futuro–, *universalismo* –ecologismo–, *sentido histórico* –legado–, *calidad* –gusto por lo bien hecho–.

El conocimiento de las fortalezas propias ayuda a plantearse metas acordes con nuestras posibilidades y así evitar la frustración existencial de aspirar a ser y actuar de una manera imposible. El ejercicio habitual de ellas permite llegar a ser como estamos llamados a ser –un ser único e irrepetible– y a vivir en paz y contentos con uno mismo.

Para que una cualidad sea considerada como una fortaleza, debe ser valorada como una característica humana positiva y deseable en todas las culturas y en todas las épocas, estimada por sí misma y no solo por sus manifestaciones; ha de generar bienestar a la persona que la posee; debe ser mensurable y tener una característica opuesta indeseable; ha de ser estable; tiene que manifestarse en el comportamiento del sujeto; y destacar en algunas personas y estar ausente en otras –Tabla 8–.

Tabla 8. Características de una fortaleza humana

1. Característica humana positiva y deseable en todas las culturas y en todas las épocas.

2. Estimada por sí misma y no solo por sus manifestaciones.

3. Ha de generar bienestar a la persona que la posee.

4. Debe ser mensurable y presentar una característica opuesta indeseable.

5. Ha de ser estable.

6. Tiene que manifestarse en el comportamiento del sujeto; y destacar en algunas personas y estar ausente en otras.

El interés de la psicología por estas cualidades es relativamente reciente y se debe al empeño de los psicólogos partidarios de la psicología positiva. Esta es una corriente de la psicología que aboga por el estudio de los factores que contribuyen a generar y mantener el bienestar, y se distinguen del enfoque tradicional de la psicología porque dejan de lado el estudio de los déficits y los trastornos mentales.

A continuación, se explican brevemente cada una de las fortalezas, agrupadas por categorías según el inventario VIA-IS elaborado por Martín Seligman y Christopher Peterson. Queda pendiente para otros textos la profundización y el estudio de las estrategias para el logro y mejora de dichas fortalezas.

I. Sabiduría

Fortaleza intelectual que impulsa a buscar y compartir el conocimiento con otros:

1. Curiosidad –interés por el mundo.

La curiosidad es una necesidad y un impulso intelectual por conocer el mundo exterior y el interior, propio y ajeno. Es una fuerza natural que impulsa a conocer la realidad con el fin de sobrevivir, vivir bien y ser feliz.

Tiene su origen en la inteligencia, facultad que permite saber y sentir satisfacción cuando conoce algo nuevo; por eso, solo lo desconocido –lo nuevo– excita la curiosidad.

Por el contrario, la ignorancia y el conocimiento erróneo producen frustración, rechazo y desinterés. La curiosidad es un concepto que se solapa con el de interés, aunque este último es más amplio, pues no solo interesa lo novedoso, sino lo ya conocido pero que gusta o se ama, y al contemplarlo produce disfrute.

Por lo comentado, se ve que la curiosidad tiene también relación con la afectividad y se habla de «sentir curiosidad», pues conociendo se producen afectos positivos y se evitan los negativos. La intensidad de la curiosidad es directamente proporcional a la intensidad de la inteligencia y de la afectividad de la persona.

Como ocurre con otras fortalezas, la voluntad es la encargada de controlarla para que se mantenga siempre dentro de los márgenes de la normalidad. Se ha de mantener siempre el deseo de aprender cosas nuevas, pero sin un afán desmedido de conocimientos, que no permitiría profundizar en ellos y podrían crear confusión mental al no poder asimilarlos. Por esta razón, calificar a una persona de «curiosa» es atribuirle un calificativo negativo: significa que quiere saber demasiadas cosas e invade la intimidad de los demás, lo que provoca su rechazo. Con frecuencia, la persona curiosa, por su desmedido afán de novedades, no es capaz de perseverar en sus obligaciones y trabajos cuando se hacen rutinarios o monótonos.

La relación de la curiosidad con la inteligencia, la voluntad y la afectividad hace que esta fortaleza sea propia de toda la persona, y, por ello, se suele afirmar que tal persona es curiosa.

Las personas «curiosas» tienen un abanico amplio de intereses, un gran afán de novedades y están siempre buscando nuevas vivencias. El psicólogo de la personalidad Robert Cloninger ha afirmado que la diferencia de intensidad de curiosidad de las personas se debe a dos rasgos temperamentales —genéticamente determinados—: «búsqueda de novedades» —*novelty seeking*— y «evitación de daño» —*harm avoiding*—. Las que tienen puntuaciones altas en el primero son personas muy necesitadas de novedades para no sentir aburrimiento y tedio, de tal manera que pierden rápidamente el interés por lo rutinario y monótono, y huyen de esas situaciones. Las que puntúan alto en el segundo son temerosas y evitan las situaciones de peligro, y por eso rehúyen las novedades, pues, al no conocerlas, corren más riesgo de sufrir por los errores, fracasos y daños de parte de los extraños. En la explicación de Cloninger de los tipos de personas según su curiosidad, se pone de manifiesto la gran influencia de la afectividad en esta cualidad.

2. Deseo de aprender –amor por el conocimiento y el aprendizaje.

Motivación permanente que impulsa a aprender cosas nuevas y a saberlas con profundidad y con el mayor detalle posible. Tiene relación con la inteligencia, que disfruta al satisfacer su necesidad de saber, y con la voluntad, que aporta la energía para perseverar en el esfuerzo por aprender.

Todo conocimiento es una adquisición –intelectual– de verdades que, junto a la bondad y belleza, son realidades estimadas y queridas, y hacen sentirse bien cuando se poseen. Este sentimiento de bienestar refuerza la voluntad de aprender. Por eso, se suele decir que el buen educador intenta que los alumnos quieran aprender, y disfruten aprendiendo, para que las dos fuerzas que mueven al hombre vayan en la misma dirección, en este caso, del aprendizaje.

Ya se ha comentado en otros apartados que las personas con mayor capacidad intelectual tienen mayor necesidad de conocer. Además, esa elevada inteligencia, que tiene una base genética, les permite entender las cosas con mayor rapidez y profundidad, lo cual les produce una gran satisfacción y alimenta el deseo de seguir conociendo. Por el contrario, la dificultad para entender y aprender que sufren las personas menos inteligentes les produce malestar y rechazo del conocimiento abstracto, y recurren más a las vivencias que producen emociones y sentimientos agradables provenientes del aprendizaje práctico o de la adquisición de destrezas y, en especial, de los estímulos sensoriales.

3. Apertura de mente —juicio, pensamiento crítico.

La apertura de mente, también conocida como «mentalidad abierta», es la disposición a considerar y aceptar, sin prejuicios o resistencias, las ideas, perspectivas y experiencias nuevas. Conlleva ser receptivo a los puntos de vista diferentes, incluso cuando contradicen las propias creencias, y estar dispuesto a cuestionar y reevaluar las propias opiniones.

Es una cualidad fundamental para el crecimiento personal, el aprendizaje continuo, la adaptación a un mundo en constante cambio, la creatividad y el éxito social, pues permite establecer una buena comunicación, reducir los conflictos y aumentar la cooperación y complicidad con los demás.

Tiene su raíz en un profundo amor a la verdad y a la realidad, que impulsa a comprobar la certeza de los conocimientos. Requiere tener un «pensamiento crítico», que reflexiona sobre la información que se recibe para confirmar su veracidad, evitando la actitud crédula que lleva a aceptar las opiniones e informaciones tal como se reciben. Supone poseer una mente abierta y flexible, que acepta con facilidad las nuevas evidencias que confirman o desmienten las certezas previas, sin empecinarse en lo ya sabido.

La persona con esta fortaleza tiene, además, una elevada tolerancia y humildad intelectual. La primera le permite aceptar la diversidad de pensamientos, culturas y estilos de vida, evitando los prejuicios y estereotipos, que anulan el deseo de conocer en profundidad la verdad de las cosas, aunque sean malas, opuestas y distintas. La segunda lleva a la convicción de que no se posee toda la verdad y que puede estar equivocado, lo cual le pone en disposición de descubrir y aceptar nuevos conocimientos y corregir los erróneos.

Las estrategias recogidas en la Tabla 9 ayudan a mejorar esta fortaleza[1].

---

[1] DeepSeek

Tabla 9. Estrategias para mejorar la apertura de mente

1. *Practicar la escucha activa:* consiste en prestar atención a lo que dicen los demás sin juzgar, para evitar el rechazo y la desconexión de las ideas que a primera vista no se comparten o no se entienden. Cuando se escucha cómo piensan los demás, por sintonía, se reflexiona sobre ello, y se pueden entender y descubrir nuevas ideas por la llamada «asociación de ideas».

2. *Exponerse a la diversidad:* leer, viajar, conocer y conversar con personas de diferentes culturas y perspectivas vitales. La percepción de la realidad a través de los sentidos es un conocimiento elemental de la realidad que estimula la reflexión del pensamiento para entenderla mejor. Cuanto más variada es la realidad percibida, más variedad de pensamientos.

3. *Cuestionar las propias creencias —reflexionar—:* hábito de pensar o reflexionar sobre lo que se piensa, sobre las razones por las que se piensa eso y plantearse si hay otras maneras de pensarlo, para así entenderlo mejor y

con mayor profundidad –no solo saberlo–, y para contemplar lo sabido y sentir la seguridad y certeza de estar en la verdad.

4. *Aprender de los errores:* el amor por la verdad está detrás de esta actitud positiva de aprovechar los errores para aprender nuevos conocimientos. Supone el hábito de preguntarse por qué se ha cometido el error y el deseo de corregirlo para no volver a cometerlo.

5. *Practicar la empatía:* esfuerzo de ponerse en el lugar de los demás para entender sus puntos de vista y sus modos de sentir. Desde niños aprendemos de los demás muchas cosas por medio de sus palabras, escritos y comportamientos. Pero entender lo aprendido supone profundizar en lo conocido, lo cual implica saber las causas y sus consecuencias, y, para lograrlo, hay que ponerse en lugar de los que nos enseñan.

4. *Creatividad –originalidad, innovación, ingenio.*

Capacidad de generar ideas, soluciones o productos originales y útiles, combinando pensamiento divergente –explora múltiples posibilidades– y convergente –selecciona la mejor opción–.

Esta fortaleza se ha explicado en detalle anteriormente, aquí se añaden unas pocas ideas nuevas.

Consiste en el hábito de buscar nuevas maneras de ver, pensar, imaginar y actuar. Por lo cual, tiene relación con la mente flexible, que permite utilizar los conocimientos previos de un modo novedoso.

Tiene su raíz en el disfrute afectivo que acompaña al descubrimiento de nuevas maneras de vivir, y se opone al sentimiento de temor a sufrir por los errores y fracasos que son más frecuentes en las innovaciones. Con el tiempo, las innovaciones son mejores y pueden llegar a ser de gran valor artístico y utilitario, produciendo gran satisfacción a todos los implicados.

La persona creativa tiene ideas que son originales y útiles, que le permiten innovar, resolver problemas, adaptarse a las novedades para sobrevivir y prosperar, y le aportan bienestar al aumentar su autoestima y satisfacción personal.

Hay tres obstáculos para la creatividad: el miedo al fracaso –causa sufrimiento–, la rutina excesiva –la monotonía limita la inspiración– y la autocrítica prematura –juzgar las ideas negativamente antes de analizar su utilidad–. La manera de combatirlos es: considerar los fracasos y errores como algo positivo, pues son necesarios para aprender cosas nuevas; incorporar pequeñas novedades diarias a la propia vida y al entorno; y separar el momento de crear del de evaluar la utilidad de lo creado.

Hay tres ambientes que fomentan la creatividad: los espacios flexibles, la cultura de la confianza y la diversidad. Para lograr el primer ambiente ayuda la luz natural, los colores inspiradores, las zonas para colaborar o reflexionar. Al segundo ambiente contribuyen los equipos de personas que valoran la experimentación y no castigan los errores. El tercer ambiente se consigue con los equipos de personas multidisciplinares, que tienen perspectivas diversas[2].

En la Tabla 10 se recogen algunas conocidas técnicas que estimulan la creatividad[3].

Tabla 10. Técnicas para estimular la creatividad

1. Tormenta de ideas —brainstorming—: reunión de personas interesadas en un tema que van opinando sobre el mismo, lo cual hace que a los que escuchan se les ocurran nuevas ideas, que verbalizan para sugerir otras

---

[2] Ibidem.

[3] DeepSeek

ideas en los demás. Después se recopilan todas las ideas y se analiza su viabilidad.

2. *Mapas mentales:* conectan conceptos visualmente partiendo de una idea central.

3. *Cambio de entorno:* salir a caminar, visitar lugares desconocidos o escuchar música nueva, y estar atento a los pensamientos que aparecen en la conciencia y analizar los novedosos.

4. *El método SCAMPER:* el nombre del método está formado por las letras iniciales de varios procesos eficaces para la creatividad: **S** de sustituir, **C** de combinar, **A** de adaptar, **M** de modificar, **P** de permutar —dar otro uso—, **E** de eliminar, **R** de reorganizar. El método consiste en modificar algo existente preguntándose si podría: sustituirlo, adaptarlo, modificarlo, darle otro uso, eliminarlo o reorganizarlo.

5. *Perspectiva —Sabiduría.*

Capacidad de situarse rápidamente en la realidad propia, la de los demás y la del mundo, y así saber distinguir lo bueno de lo malo y descubrir el mejor modo de actuar para hacerlo bien y sentirse bien. Esta definición está en sintonía con el pensamiento de los filósofos griegos Sócrates, Platón y Aristóteles, que asociaban la sabiduría con la búsqueda de la verdad y la virtud.

Se solapa con el concepto clásico de tener sentido común y es el resultado de un proceso continuo de aprendizaje, reflexión y maduración psicológica. Implica la capacidad de utilizar el conocimiento y la experiencia de manera reflexiva y equilibrada para tomar decisiones acertadas, resolver problemas y vivir de manera plena y ética. A diferencia del conocimiento, que se refiere a la acumulación de información, la sabiduría incluye un componente de discernimiento y juicio práctico.

La sabiduría permite vivir una vida admirable y dar consejos de calidad a los demás. Son personas con un conocimiento profundo del mundo interior propio y del de los demás, lo cual les permite dar buenos consejos.

II. Coraje

Fortaleza volitiva que impulsa a conseguir nuestras metas a pesar de las dificultades internas y/o externas:

6. *Valentía –valor*.

La valentía es una virtud –hábito bueno– que permite enfrentar el miedo, la adversidad, el dolor o la incertidumbre con determinación y energía. No supone la ausencia de miedo, sino de la capacidad de actuar bien a pesar de él, como afirmó sabiamente Nelson Mandela: «El valiente no es quien no siente miedo, sino quien lo conquista». Por lo tanto, se relaciona con una voluntad fuerte, que vence al miedo y permite actuar según lo indica la razón.

La valentía es fundamental para superar obstáculos, defender lo que es justo y alcanzar metas valiosas, incluso cuando el camino es difícil, arriesgado o incierto. Los actos valientes se llevan a cabo de forma voluntaria aun sabiendo la adversidad que hay, que difiere de actuar de modo insensato, imprudente o temerario.

Esta virtud lleva a actuar bien en las distintas facetas de la vida, lo que ha llevado a algunos autores a diferenciar varios tipos de valentía –Tabla 11–[4].

Tabla 11. Tipos de valentía

1. *Valentía física:* implica enfrentar peligros físicos, como los bomberos, soldados o personas que rescatan a otros en situaciones de emergencia.

---

[4] DeepSeek

2. *Valentía moral:* lleva a defender lo que es correcto, incluso cuando va en contra de la opinión popular o implica consecuencias negativas. Por ejemplo, denunciar injusticias u oponerse a la corrupción.

3. *Valentía emocional:* permite soportar emociones dolorosas, como el duelo, el rechazo o la incertidumbre, y seguir adelante con energía.

4. *Valentía intelectual:* permite cuestionar ideas establecidas, explorar nuevas perspectivas y admitir errores, incluso cuando ello perjudica al propio ego.

7. Persistencia –perseverancia, laboriosidad y diligencia.

Es la capacidad de terminar lo que se empieza, para alcanzar los objetivos marcados, aunque cueste tiempo y esfuerzo. Depende de una voluntad fuerte que impulsa a seguir actuando, a pesar de la resistencia y oposición de los afectos negativos que producen el cansancio, las dificultades, los errores y fracasos, las críticas y el ejemplo negativo de los demás.

La persona *perseverante* encuentra una gran satisfacción cuando finaliza aquello que se propone. En su base hay amor al bien, que se consigue con trabajo y lucha hasta la finalización, pues lo que no se acaba no está hecho bien, y como afirma el dicho: «más vale lo mal hecho que lo bueno por hacer»; pues lo mal hecho se puede corregir o mejorar en la siguiente ocasión con la experiencia adquirida en la primera vez, pero lo que no se hace no se puede mejorar y no aporta experiencia.

Se incluye en esta fortaleza la *diligencia,* que es la virtud opuesta a la pereza y a la procrastinación, y permite empezar la cosas en su momento —indicado por la razón— sin retrasarlas o evitarlas. Empezar es condición previa para perseverar y acabar el trabajo. La persona con *diligencia* y *perseverancia* en el trabajo tiene además la virtud de la *laboriosidad.*

8. Integridad –autenticidad, honestidad.

La *integridad* como fuerza personal es la capacidad de actuar en coherencia con los propios principios. Es una cualidad que lleva a ser honesto, ético y consistente en todas las áreas de la vida, incluso cuando enfrenta desafíos o fuertes tentaciones para actuar de manera contraria a las propias creencias. La integridad fortalece la confianza en uno mismo y la de los demás, ya que demuestra autenticidad y responsabilidad.

La persona íntegra es sincera consigo misma y con los demás, y se hace responsable de sus sentimientos y conductas; está comprometida con sus valores y practica lo que predica.

Por lo explicado, se aprecia que el concepto de integridad incluye los conceptos de honestidad, coherencia, autenticidad, responsabilidad, respeto y fortaleza moral –Tabla 12–[5].

Tabla 12. Conceptos asociados con la integridad

1. *Honestidad:* costumbre de actuar con sinceridad y transparencia, sin engaño ni falsedad.

2. *Coherencia:* costumbre de actuar siempre según los propios valores y principios.

3. *Responsabilidad:* hábito de asumir las consecuencias de las decisiones y acciones propias.

4. *Respeto:* hábito de tratar a los demás con dignidad y consideración, reconociendo sus derechos y valorando sus opiniones.

5. *Firmeza moral:* capacidad para mantener las convicciones éticas incluso en situaciones difíciles o de presión en contra de ellas.

---

[5] DeepSeek

La integridad es un pilar fundamental para construir una vida plena y feliz, que beneficia al actor, pero también contribuye a crear un entorno más justo y ético, en el que todos tienen mayor posibilidad de ser felices.

9. *Vitalidad –pasión, entusiasmo, vigor, energía.*

Esta fortaleza consiste en disponer de gran energía para realizar con pasión las actividades ordinarias de la vida. Tiene estrecha relación con la fuerza de la afectividad o sensibilidad emocional, que genera intensas emociones positivas cuando se perciben fines o propósitos valiosos. Esas emociones impulsan con fuerza a actuar de manera que se puedan lograr dichos objetivos valiosos y deseados. La fuerza de las emociones se une a la fuerza de la voluntad que quiere dichos fines buenos presentados por la razón. La suma de estas dos fuerzas se manifiesta externamente con un comportamiento enérgico, vigoroso, entusiasta y pasional.

Es una cualidad que permite disfrutar de la vida con entusiasmo: vivir la vida de una forma apasionante, como si cada día fuera una aventura. Esta persona se siente habitualmente con gran vitalidad y energía.

Algunas personas con esta cualidad muy intensa y constante desde la infancia han sido calificadas de «hipertímicas»: personas con un temperamento cuyo estado de ánimo es siempre elevado. Cuando esta vitalidad es excesiva o patológica, se considera que la persona está en una fase hipomaniaca —euforia moderada— o maniaca —euforia excesiva—. Las personas hipertímicas generalmente mantienen un nivel de eficacia vital elevado y una buena adaptación a la realidad, pero las personas cuya elevada energía vital les hace ser ineficaces y desorganizadas son diagnosticadas de trastorno por déficit de atención e hiperactividad.

Algunos autores incluyen en esta fortaleza la capacidad de encontrar «sentido o propósito a su vida» y la capacidad de tener «flujo o concentración en el momento presente», que ya se han explicado de modo independiente.

III. Humanidad

Fortaleza social que impulsa a establecer relaciones interpersonales de afecto y cuidado hacia los demás:

10. Amor —capacidad de amar y ser amado.

La necesidad de amor y la capacidad de amar se ha explicado previamente al hablar de los modos de vida que ayudan a ser feliz. Aquí añadiremos algunas ideas más.

La capacidad de amar es una cualidad de la voluntad, que es la facultad mental que quiere e impulsa a realizar actos de amor, como se recoge en el dicho «obras son amores, y no buenas razones».

Todo ser objeto de amor tiene unas cualidades buenas, descubiertas por la inteligencia, que encienden en la voluntad el deseo de poseerlo para así sentir felicidad. Este querer de la voluntad produce un *sentimiento* de amor en la afectividad, que refuerza el impulso a comportarse de manera que se consiga y se conserve lo que se ama. Cuando el *sentimiento* de amor es muy intenso, se denomina amor pasional o romántico.

El amor es el más potente pegamento psicológico para unir a las personas entre sí, con las cosas del mundo y con las experiencias de la vida que son bellas, buenas y verdaderas. El amor es la mayor fuerza psicológica para conseguir lo que se ama. En la historia de la humanidad, ha sido la fuerza que ha impulsado a los héroes y a los grandes personajes a vivir sus vidas de modo admirable.

Además, el amor es la necesidad psicológica más universal y profunda del ser humano. La intensidad de la satisfacción o insatisfacción de esta necesidad determina el grado de felicidad de una persona.

11. Amabilidad –generosidad, apoyo, cuidado, bondad, altruismo.

Cualidad de las personas que realizan favores y buenas obras sin esperar un beneficio a cambio. Lo hacen desde el respeto y el afecto a los demás, que les impulsa a ayudar y a cuidar. Este hecho en sí mismo produce satisfacción al que lo realiza. El término más popular en psicología positiva para esta fortaleza es el de «altruismo».

El altruismo es una cualidad humana positiva que se manifiesta con la tendencia a procurar el bien de las personas de manera desinteresada, incluso en contra del interés propio. Según la RAE, el altruismo proviene del francés «altruisme» y se define como la diligencia en procurar el bien ajeno aun a costa del propio. Promover el altruismo en la sociedad contribuye a crear un mundo más compasivo, solidario y equitativo.

En la sociedad occidental, durante siglos, por influjo del cristianismo, se ha hablado más de caridad que de altruismo, pero son conceptos con un significado similar. Con la secularización de la sociedad, el término altruismo ha sustituido al de caridad en el lenguaje ordinario. La caridad estimula a amar a los demás como a uno mismo, y, como el amor se demuestra con obras, impulsa a hacer la vida de los demás más agradable.

Las conductas altruistas que hacen crecer esta cualidad tienen motivaciones psicológicas y sociológicas. En este texto, que tiene una perspectiva psicológica, se van a explicar las motivaciones de este tipo. En primer lugar, está el sentimiento de alegría que produce ser protagonista del bienestar de los demás, como se recoge en el dicho «da más alegría dar que recibir». En segundo lugar, está la ley psicológica de la reciprocidad: si me tratas bien, yo te trato bien; si tú me ayudas, yo te ayudo. Esto lleva a tratar a los demás como nos gustaría que nos tratases, es decir, yo te trato bien porque quiero que me trates bien. A la vista de estas motivaciones del altruismo, se podría decir que no es un verdadero altruismo, pues no es totalmente desinteresado. El altruismo totalmente desinteresado es un ideal que está en la mente de las personas buenas, pero no en la realidad, pues las personas reales no son ideales.

El término altruismo se aplica a la persona que habitualmente trata de hacer bien a los demás como primer objetivo, estando en segundo plano el deseo de sentirse bien al lograr el bienestar del otro, pues no podemos evitar esta reacción positiva al hacer el bien.

Para que una persona sea altruista, primero ha de serlo consigo misma, es decir, ha de saber sentirse bien consigo misma, pues existe otra ley psicológica que impulsa a dar, a compartir con los demás lo bueno, lo que nos ha gustado, lo que nos ha hecho sentir bien. El bienestar, la alegría, el disfrute, el placer compartido amplifica el bienestar propio. El bien es expansivo, se difunde hacia el entorno, mientras que el malestar repliega a la persona en su interior. Al igual que la alegría se expande física y mentalmente; la pena, la tristeza y el miedo encojen física y mentalmente. La persona que, habitualmente, siente emociones y sentimientos negativos, cuando se comunica con los demás tiene como primer objetivo buscar un alivio o resolución de su malestar, es decir, sentirse bien o mejor, por lo que su relación es interesada, terapéutica y egocéntrica, y no puede ser altruista ni caritativa.

12. *Inteligencia social –inteligencia emocional, inteligencia personal.*

Es la capacidad de conocer lo sentimientos que están sintiendo los demás y saber comportarse y comunicarse adecuadamente para que los interlocutores se sientan bien. Es un hábito intelectual que se desarrolla con el ejercicio de la inteligencia en las situaciones sociales para lograr el bien común. Las personas con mayor capacidad intelectual, si realizan esta práctica, son las que tienen más desarrollada esta fortaleza. Es frecuente encontrar este tipo de personas entre los diplomáticos, los políticos, los animadores culturales y los agentes sociales. En el lenguaje común, se suele decir de estas personas que tienen «don de gentes» y, en psicología de la personalidad, se les atribuye un fuerte rasgo de «sociabilidad».

Esta capacidad implica habilidades como la empatía, la inteligencia emocional, la escucha activa, la capacidad de resolver conflictos y la adaptabilidad a los diferentes contextos sociales. Las dos primeras habilidades se han explicado anteriormente.

IV. Justicia

Fortaleza moral que impulsa a cumplir las obligaciones éticas y morales hacia los demás:

13. *Ciudadanía –responsabilidad social, lealtad, trabajo en equipo.*

La fortaleza denominada «ciudadanía» se refiere a la capacidad de ser un miembro activo, responsable y comprometido con la comunidad y la sociedad. Ayuda a la persona a contribuir al bien común, a trabajar en equipo y a participar de manera constructiva en la vida social. Esta fortaleza hace que la persona destaque en su grupo por su lealtad y dedicación. Incluye otras características personales, que se recogen en la −Tabla 13−[6]:

Tabla 13. Características asociadas a la ciudadanía

1. *Responsabilidad social:* asumir un papel activo en el cuidado y mejora de la comunidad, desde los aspectos más pequeños y materiales hasta los más relevantes socialmente.

2. *Trabajo en equipo:* actitud habitual de colaboración con otros para alcanzar objetivos comunes. Son personas que tienen gran flexibilidad mental para lograr acuerdos con los demás, por lo que evitan fácilmente los conflictos que rompen la unidad del equipo.

3. *Compromiso cívico:* impulso habitual a participar en actividades que benefician a la so-

---

[6] DeepSeek

ciedad, como el voluntariado o la participación política.

4. *Respeto por las normas:* gusto y atracción por los comportamientos que cumplen las leyes y normas sociales que promueven el bienestar colectivo. Supone una valoración positiva de la autoridad, que es la que emite y custodia las normas.

5. *Solidaridad:* interés y preocupación por el bienestar de los demás, que impulsa a actuar en consecuencia. Supone empatía, altruismo e inteligencia social.

La ciudadanía no solo beneficia a la sociedad, sino que también enriquece la vida personal al proporcionar un sentido y propósito altruista y una conexión con los demás que permite amar y ser amado. Cultivarla supone un compromiso activo con el bienestar común y la construcción de un mundo más justo y solidario.

14. *Equidad –justicia.*

La «equidad» es un concepto similar al de justicia y se refiere a la capacidad de una persona para reconocer y valorar las diferencias personales y actuar con justicia en su vida y en sus relaciones sociales. No consiste en tratar a todos por igual, que se denomina igualitarismo, sino de reconocer que las personas tienen diversas necesidades, contextos y situaciones que requieren respuestas adecuadas para garantizar que todos tengan las mismas oportunidades de éxito y bienestar.

La persona con esta fortaleza trata –o procura tratar– a todos de manera justa, sin dejarse influir por los sentimientos y opiniones de otros, ni dejarse llevar por prejuicios o diferencias de clases o categoría de personas.

Se trata de un hábito de la voluntad que «da a cada uno lo suyo» –comportamiento justo–, pero que se inicia con un buen razonamiento moral, que busca conocer lo que es correcto dar a los demás, teniendo en cuenta su comportamiento y sus circunstancias. El razonamiento justo se basa en un pensamiento objetivo, desinteresado y altruista.

La persona justa necesita ser empática para saber qué necesitan y se merecen los demás para que su bienestar sea como el propio. Además, siente alegría cuando actúa de modo equitativo y no deja de hacerlo, aunque los demás no se lo reconozcan ni se lo agradezcan. La persona que actúa habitualmente de este modo tiene la virtud o fortaleza de la justicia o equidad.

Junto a la prudencia, fortaleza y templanza, la justicia es una de las cuatro virtudes cardinales de la moral clásica. El calificativo de cardinal, según la RAE, tiene como primer significado ser algo fundamental, esencial, vital o trascendental. En el caso de las virtudes cardinales, significa que son esenciales para lograr otras virtudes o fortalezas secundarias y para lograr ser buena persona y vivir una vida feliz.

15. *Liderazgo –carisma.*

La capacidad de liderazgo es una fortaleza que permite motivar y dirigir a un equipo de personas del que se es miembro para lograr un objetivo común, y reforzar las relaciones entre los integrantes del grupo. Se basa en un conjunto de cualidades de la personalidad que inspiran confianza y seguridad a los demás, que les impulsa a unirse a él en los planes y proyectos cuyo logro precisa la fuerza conjunta de un conjunto de personas.

En la base de esta fortaleza hay una elevada inteligencia social, una gran empatía para inducir emociones positivas en los demás y otras cualidades positivas que hacen atractiva su personalidad, como la valentía, la humildad y la generosidad.

Un buen líder es aquel que escucha y tiene en cuenta las opiniones de los otros miembros, les hace sentirse importantes, necesarios, valorados y apreciados. De esta manera, fomentan en los demás la autoestima y la motivación por mejorar, lo cual les hace sentirse bien y agradecidos.

El líder irradia confianza y seguridad con un lenguaje claro, sencillo, coherente y lógico, y con una conducta honesta, valiente, audaz, entusiasta, sensata, auténtica, humilde y sencilla. Esta irradiación es lo que se denomina «carisma». La persona con carisma hace que los demás le sigan, le respeten, le obedezcan, deseen trabajar y formar equipo con ella. Provoca en los demás el sentimiento que impulsa a decir: «yo con esta persona voy al fin del mundo». Esta manera de ser se gesta en la infancia y se va fortaleciendo con los años en la convivencia con los demás.

V. Moderación

Fortaleza cognitiva que impulsa a actuar bien y protege de los excesos:

16. Perdón y compasión –capacidad de perdonar, misericordia.

Esta fortaleza capacita para perdonar a los que nos han tratado mal y, por eso, nos han hecho sufrir, dándoles una segunda oportunidad y apagando el sentimiento de rencor, que es la cicatriz afectiva del daño sufrido, para no padecerlo de por vida. Se consigue con la repetición de actos de perdón que lleva a cabo la voluntad, porque la razón juzga que es bueno hacerlo, para uno y para los demás.

El sentimiento de rencor y el de odio, causados por el daño recibido de los demás, se acompañan de un rechazo de la persona causante, que produce un conflicto interior y, a veces, también externo con ella. Y todo conflicto es una guerra que quita la paz y, con la pérdida de la paz, también se pierde la alegría. Además, esos sentimientos negativos impulsan a realizar conductas de venganza, es decir, conductas que dañan al causante, lo que puede producir un alivio inicial, pero, en una persona buena, origina un sentimiento de culpa que quita la alegría. Con el perdón se evita el círculo vicioso de emociones negativas y se recuperan las positivas, y permite liberarse del pasado, sanar las heridas afectivas y poner toda la atención en construir un futuro feliz.

El perdón tiene cuatro fases psicológicas: 1) Querer perdonar, porque la razón juzga que es bueno hacerlo. 2) Quitar de la mente el recuerdo de la ofensa para no pensar en ella. 3) Tratar bien al ofensor, para no ponerse a su altura, es decir, para no hacer lo mismo que él nos hizo –sufrir–. 4) Haciendo lo anterior, con el paso del tiempo, la afectividad dejará de sentir rencor y rechazo, o disminuirá mucho. La persona perdona cuando la cabeza y el corazón perdonan, es decir, cuando se deja de pensar y sentir la ofensa.

El perdón es más difícil cuando el daño es reiterado que cuando es esporádico y cuando el daño es más intenso, y el mayor daño lo causan las personas cercanas y queridas. Es más fácil perdonar cuando más se ama al causante del daño, pues el deseo de seguir queriéndolo y seguir disfrutando de su compañía impulsa a perdonar y hacer «borrón y cuenta nueva». Otra cualidad psicológica que ayuda a perdonar es el sentimiento de compasión y misericordia.

La *compasión* es una cualidad integrada en la empatía, que consiste en ponerse en el lugar de los demás y sentir con ellos, sentir sus mismos sentimientos, de donde toma el nombre *con-pasión:* padecer con. Esta participación en el sentimiento del que nos ofende permite «entender y justificar» el origen de su ofensa: su malestar interior, que se acompaña de frustración, ira y violencia, canalizada en forma de conductas de daño como desahogo y para no sentirse solos en su sufrimiento. Cuando se comprende que el origen está en la afectividad negativa, y no en la mala voluntad del agresor, es más fácil disculpar y perdonar. Esta fortaleza presupone el deseo de entender, comprender, justificar y disculpar al agresor, siempre que haya un motivo de disculpa, cosa que no ocurre en el caso de mala voluntad o pura maldad del agresor. Por esto, la compasión es una conexión con los demás desde el amor y la solidaridad.

La *misericordia* es una fortaleza personal profunda y transformadora, que va más allá de la compasión o el perdón. Implica un acto de amor y generosidad hacia quienes están en situaciones de sufrimiento, vulnerabilidad o error, incluso cuando no lo «merecen» según estándares convencionales. La persona misericordiosa, cuando es ofendida, piensa primero en el agresor, no en sí misma, y siente pena y compasión por él, pues causar daño a los demás es una falta de caridad, de solidaridad, de altruismo, y esta carencia significa un estado de pobreza de espíritu, de bajeza humana y de desgracia personal que produce lástima. Esta fortaleza supone una grandeza de corazón y una capacidad de amor puro y desinteresado a los demás, que pocas personas pueden lograrlo por sus propias fuerzas, sin la ayuda de la fuerza de un ser espiritual superior trascendente.

17. *Humildad y modestia*

La «humildad» es una fortaleza personal y una virtud más fácil de describir que de definir. La definición más breve y nuclear es la de santa Teresa de Jesús: «humildad es andar en verdad». Esto significa reconocerse tal como uno es, con sus limitaciones y debilidades, pero también con sus talentos; sin presumir de lo que no se tiene ni de lo que se tiene. Los santos, al estar muy cerca de Dios –verdad infinita–, pueden ver la verdad de las cosas con más claridad, pues la ven en su origen, en su Creador.

Desde una perspectiva psicológica, la humildad se apoya en la conciencia de un Yo realista, ni hipertrofiado ni atrofiado, y en la convicción profunda de que la manera de ser propia es un don recibido con la naturaleza biológica, con la educación, con la influencia de los modelos observados y con un poco de lucha personal. Esta conciencia impulsa a vivir de una manera que se considera «humilde»: no alardean de sus acciones, simplemente dejan que estas hablen por sí mismas; no buscan ser el centro de atención; y actúan según sus convicciones, sin considerarse ni mejor ni peor que los demás. Es, pues, la virtud opuesta a la soberbia, al narcisismo, la egolatría y el egocentrismo.

La mejor prueba de humildad es saber llevar bien las humillaciones, que consiste en no perder la paz y la alegría cuando se padecen desprecios, menosprecios, rechazos, críticas, burlas, *bullying, mobbing*, y cuando son considerados el «patito feo», la «oveja negra» o la «cenicienta». Se cumplirá en estas personas lo que señala el Evangelio: que los «últimos serán los primeros», pues los humildes acaban siendo estimados por todos.

Es una fortaleza que nos permite vivir con autenticidad, aprender constantemente y construir relaciones sólidas –Tabla 14—[7].

Tabla 14. Beneficios de la humildad

1. *Facilita el aprendizaje:* una persona humilde reconoce que no lo sabe todo y está dispuesta a escuchar, aprender y mejorar. Esto

---

[7] DeepSeek

le permite adquirir nuevos conocimientos y habilidades.

2. *Fomenta relaciones auténticas:* la humildad ayuda a tratar a los demás con respeto y empatía, lo que fortalece los vínculos personales y profesionales.

3. *Promueve la resiliencia:* al aceptar los errores y limitaciones, se pueden enfrentar los fracasos con mayor serenidad y aprender de ellos, en lugar de culpar a otros o rendirse.

4. *Genera confianza:* la persona humilde inspira confianza porque no busca imponerse ni demostrar superioridad, sino que actúa con autenticidad y transparencia.

5. *Ayuda a mantener la perspectiva:* la humildad nos recuerda que no somos el centro del universo y que todos tenemos algo que aportar. Esto ayuda a ser más compasivos y menos egocéntricos.

La humildad produce gran admiración, estima y amor en las personas de su entorno, lo cual, unido a la evitación del sufrimiento que produce la soberbia, causa gran felicidad a la persona humilde.

Como toda virtud, para conseguirla se requiere quererla y luchar de modo constante por crecer en ella. Hay algunos consejos eficaces para lograrla –Tabla 15–[8].

Tabla 15. Consejos prácticos para crecer en humildad

1. *Reconoce tus errores:* acepta los errores y aprende de esas experiencias sin juzgarte severamente.

2. *Escucha activamente:* presta atención a las ideas y opiniones de los demás sin interrumpirles o imponerles tus puntos de vista.

3. *Agradece y valora a los demás:* reconoce el esfuerzo y las cualidades de quienes te rodean. La gratitud es un acto de humildad.

4. *Evita compararte:* no buscar ser mejor o peor que otros, sino un poco mejor que uno mismo cada día. Cada persona tiene su propio camino y valor.

5. *Practica la autocrítica constructiva:* reflexiona sobre tus acciones y decisiones de manera sincera, sin caer en la autocrítica destructiva.

---

[8] DeepSeek

6. *Acepta elogios con sencillez*: recibe los cumplidos sin vanagloriarte ni menospreciarte.

7. *Mantén los pies en la tierra*: recuerda los logros, pero también las limitaciones. Nadie es perfecto ni ideal, y esa es la condición humana.

8. *Despréndete del éxito y del triunfo*: querer ser el mejor, competir con los demás, la dependencia emocionalmente del resultado hace olvidar lo importante, lo que no ven los demás, sino uno mismo: el trabajo bien hecho y el esfuerzo generoso por hacer las cosas lo mejor posible. El éxito ensalza el Yo mientras que el trabajo y la lucha hace buena a la persona.

La humildad incluye la «modestia», que se define como la cualidad que permite actuar con moderación. Una persona modesta no busca llamar la atención ni destacar por encima de los demás, sino que actúa con sencillez y discreción. Permite ser auténtico, pues no siente la necesidad de aparentar algo que no se es.

Aunque la modestia y la humildad están muy relacionadas, no son lo mismo: la humildad permite reconocer las propias limitaciones y virtudes sin exagerarlas; y la modestia facilita actuar con sencillez y discreción, evitando llamar la atención o presumir. Ambas son fortalezas complementarias y, cuando se practican juntas, ayudan a vivir con equilibrio y autenticidad.

18. *Prudencia –discreción, cautela.*

Esta fortaleza es una de las cuatro virtudes cardinales de la moral clásica explicada por Platón: prudencia, justicia, fortaleza y templanza. Se denominan cardinales porque son el fundamento sobre las que se apoyan las demás virtudes, es decir, facilitan adquirir otras virtudes.

La «prudencia» es el hábito de actuar de modo correcto y apropiado en cada situación, debido a la capacidad de tomar decisiones sabias y ser capaz de llevarlas a la práctica. Así pues, implica un buen funcionamiento de la razón y de la voluntad.

La prudencia permite actuar de modo adecuado a las circunstancias, que se opone a la actuación del indeciso o temeroso, por un lado, y a la del temerario, por otro. Es una fortaleza que ayuda a vivir de manera eficaz, minimizando los errores y maximizando los aciertos. Como toda virtud, se consigue con un buen maestro y con la práctica, en el marco de un proyecto de personalidad virtuosa y positiva. Su beneficio es enorme para la persona y la sociedad.

Hay algunas estrategias que ayudan a desarrollar la prudencia –Tabla 16–[9].

Tabla 16. Estrategias para el desarrollo de la prudencia

1. *Pensar antes de actuar:* dado que se basa en la toma de decisiones sabias, se necesita desarrollar el hábito de pensar antes de actuar y, si no se consigue llegar a una decisión clara, se debe posponer la acción y buscar los medios –preguntar, estudiar– para aclararse cuanto antes.

2. *Escucha activa:* ser capaz de prestar atención a las opiniones y consejos de los demás, especialmente de las personas con más experiencia o conocimiento.

3. *Aprende de la experiencia:* tener el hábito de pensar y memorizar las causas de los aciertos y de los errores pasados para tomar las decisiones adecuadas en el presente y en el futuro.

4. *Cultiva la paciencia:* la prudencia supone saber esperar y dar tiempo a la razón para

---

[9] Ibidem.

evaluar y analizar los datos y las posibles consecuencias de las acciones. La paciencia es la capacidad de esperar el momento oportuno para actuar y así evitar decisiones apresuradas.

5. *Equilibrio entre razón y emoción:* cuando la cabeza y el corazón, es decir, la razón y la afectividad, están de acuerdo, es más probable actuar sabiamente. Por lo cual, la prudencia es consecuencia de la capacidad de lograr esos acuerdos, que requieren el hábito de dialogar interiormente para lograrlos.

6. *Planificación y previsión:* supone el hábito de imaginar los posibles escenarios y ensayar imaginariamente las soluciones para encontrar la más oportuna. Es la imaginación creativa la que permite encontrar la decisión adecuada a las circunstancias concretas.

Para los autores de la psicología positiva, la prudencia incluye los conceptos de «discreción» y de «cautela», pero su significado es más amplio que el de estas.

La discreción es la capacidad de tratar con delicadeza y respeto la información propia y ajena. Quienes la practican suelen pensar antes de actuar y de hablar, para decidir la mejor manera de compartir el conocimiento que se posee de uno mismo y de los demás, y así no causar malestar ni dañar el prestigio o la honra.

La persona discreta inspira confianza en los demás, pues demuestra que puede manejar información sensible y confidencial de una manera correcta. Esto la convierte en aliada confiable en entornos personales y profesionales. En el trabajo, la discreción es altamente valorada, especialmente en puestos que requieren manejar datos confidenciales, negociar o tomar decisiones estratégicas.

Ser discreto implica conocer bien y respetar los límites entre lo público y lo privado, lo cual permite proteger la intimidad propia y la de los demás. Esto es especialmente importante en la era digital, donde la información puede difundirse rápidamente.

La cautela es una fortaleza personal que se caracteriza por la capacidad de actuar con prudencia, reflexión y cuidado ante situaciones que pueden implicar riesgos. Las personas cautelosas suelen ser meticulosas, analíticas y conscientes de sus acciones, lo que les permite tomar decisiones bien informadas y evitar problemas innecesarios. Así como la discreción tiene que ver con el buen uso de la información, la cautela tiene que ver con la buena actuación práctica.

La persona cautelosa suele recopilar información, analizar opciones y considerar posibles resultados antes de actuar, y, por lo tanto, es prudente. De esta manera, se protege a sí misma y a los que la rodean. Esta cualidad es especialmente valiosa en roles de liderazgo y en situaciones en las que se es responsable del bienestar de otros.

La cautela es clave en la planificación a largo plazo, ya que permite anticipar obstáculos y prepararse para ellos. La persona cautelosa suele ser buena estratega y administradora de los recursos. En situaciones ambiguas y de alto riesgo, la cautela permite actuar con cuidado y minimizar las posibles consecuencias negativas.

19. Autocontrol

Es una cualidad que permite a la persona tener un dominio sobre su mente y su conducta, e indirectamente sobre su afectividad, que sigue a la mente. El control lo ejerce la voluntad, pero dirigida por la razón, que le indica, en la conciencia, cómo debe gobernarse.

La persona con esta fortaleza puede posponer sus deseos, necesidades y dominar sus impulsos naturales. Además, es capaz de regular sus emociones y neutralizar los pensamientos negativos impulsados por los afectos negativos producidos por las experiencias negativas; y sabe posponer las gratificaciones inmediatas para obtener un objetivo que produce mayor satisfacción y felicidad.

El autocontrol no significa reprimir las emociones, sino gestionarlas de manera saludable. Es una habilidad que se desarrolla con la práctica, pero necesita de modelos de los que aprender, y contribuye significativamente al bienestar emocional y a la mejora personal. Tiene una relación estrecha con la libertad, pues una persona que manda en sí misma no es esclava de nada y, por lo tanto, es libre. Cuanto más autocontrol, más libertad y más felicidad, pues la libertad es una condición de la felicidad, como ya se ha explicado antes. De esto se deduce que el autocontrol tiene muchos beneficios psicológicos –Tabla 17–[10].

Tabla 17. Beneficios psicológicos del autocontrol

1. *Mejora en la toma de decisiones:* el autocontrol permite evaluar las situaciones con mayor claridad y tomar decisiones más re-

---

[10] DeepSeek

flexivas en lugar de actuar por impulso del estado de ánimo.

2. *Buen manejo del estrés:* ayuda a mantener la calma en momentos de tensión, lo que reduce los niveles de estrés y ansiedad, que enturbian la claridad de conciencia y dificultan la toma de decisiones sensatas.

3. *Relaciones interpersonales saludables:* el control de las emociones y de las reacciones afectivas permite comunicarse de manera más positiva y disminuye los conflictos.

4. *Desarrollo de la constancia y disciplina:* el autocontrol es clave para mantener la motivación y la disciplina en la consecución de metas a largo plazo, incluso cuando surgen los obstáculos, los problemas y los fracasos.

5. *Desarrollo de la autoconfianza:* saber que podemos manejar nuestras emociones y conductas aumenta la confianza en uno mismo, la seguridad y la tranquilidad ante las incertidumbres y dudas, lo cual permite aspirar a grandes retos y desafíos, que dan sentido y producen gran satisfacción personal.

VI. Trascendencia

Fortaleza espiritual que impulsa a buscar un sentido y propósito a la vida:

20. Apreciación de la belleza y la excelencia –asombro, admiración, fascinación.

La persona con esta fortaleza sabe apreciar la belleza, bondad y autenticidad de las cosas y de las personas. Ante estas cualidades, siente asombro y fascinación, y disfruta intensamente al contemplarlas.

Gracias a esta fortaleza, se inmuniza contra el efecto negativo de las experiencias negativas de la vida, pues el equilibrio mental –signo de salud mental– tiene relación con la capacidad de armonizar el sufrimiento de las experiencias negativas con el disfrute de las positivas, que depende de preservar la capacidad de asombro de lo positivo.

Esta fortaleza incluye las capacidades de «asombro», de «admiración» y sentir «fascinación» por lo bello, bueno y auténtico. Estas capacidades tienen algunas diferencias de significado que enriquecen aún más el contenido de esta fortaleza.

El asombro como fortaleza personal es la capacidad de maravillarse, sorprenderse y encontrar inspiración en el mundo que nos rodea. Es una cualidad que permite mantener una actitud abierta, curiosa y receptiva a las nuevas experiencias, ideas y perspectivas. Esta actitud favorece la creatividad y el bienestar emocional, y ayuda a vivir con mayor plenitud y significado.

Catherine L'Ecuyer, doctora canadiense en pedagogía y psicología, ha recogido en su libro *Educar en el asombro* la importancia de enseñar a los niños a admirar y asombrarse de las maravillas de la vida ordinaria para vivir una vida feliz. Es una educación que busca aumentar la sensibilidad de la afectividad ante las maravillas del entorno, en especial, de las pequeñas, que son las más frecuentes.

La fascinación, como fortaleza personal, es una capacidad que permite sentir profunda admiración y atracción por ciertas cosas y personas que poseen características valiosas. Es una mezcla de curiosidad intensa y entusiasmo que motiva a explorar y conectar con el mundo de manera significativa. Esta capacidad no solo enriquece nuestra vida, sino que puede ser una fuente de motivación, creatividad y crecimiento personal. Es decir, ayuda a vivir con pasión y propósito, y transforma lo ordinario en extraordinario.

La admiración, como fortaleza personal, es una capacidad que nos permite reconocer las cualidades positivas, los logros y las acciones buenas de los demás, e inspirarse en ellas para mejorar, que se denomina afán de emulación. Esta capacidad de admirar no solo lleva a conectar con lo mejor de la humanidad, sino que suele ser una fuente de humildad y gratitud.

Existen varias estrategias para desarrollar la capacidad de admiración –Tabla 18–[11].

Tabla 18. Estrategias para desarrollar la capacidad de admiración

1. *Reconoce las cualidades de los demás:* para ello presta atención a las virtudes, habilidades y logros de las personas que te rodean. Supone tener el hábito de mirar la parte positiva de los demás, pues la tendencia natural es a ver lo negativo para sentirse mejores que ellos.

2. *Expresa la admiración:* comunica de manera sincera y específica lo que admiras en alguien. Esto fortalece la relación y fomenta un ambiente social positivo.

3. *Deseo de adquirir lo bueno de las personas admiradas:* identifica lo que más valoras de ellas y trata de incorporar esas cualidades en la propia manera de ser.

---

[11] DeepSeek

4. *Admira sin compararte:* evita sentir envidia o inferioridad al admirar a otros. En su lugar, usa esa admiración como impulso para crecer, que se denomina afán de emulación.

5. *Admira lo pequeño:* no solo las grandes hazañas merecen ser admiradas. De esta manera se desarrolla la sensibilidad a los gestos cotidianos de bondad, esfuerzo y perseverancia, que son los más frecuentes y los más fáciles de imitar.

21. Gratitud

La persona con esta fortaleza es consciente de las cosas buenas que le suceden, aprecia lo que tiene y se siente impulsada a expresar su agradecimiento, y lo hace de distintas formas: dirigido al destino, a los demás, a Dios.

El agradecimiento es un acto que comprende dos fases: reconocer la acción beneficiosa de otros seres en nuestro bienestar cotidiano y dar las gracias con palabras y con hechos. Es un proceso mental que se inicia con el conocimiento de poseer algo bueno o valioso que se ha conseguido con la ayuda de otras personas. Este conocimiento provoca un sentimiento de reconocimiento y de deuda hacia el benefactor, que se llama «sentimiento de agradecimiento», que va a impulsar a la acción de agradecer con palabras, gestos y obras de correspondencia.

Esta conducta de agradecimiento hace sentirse bien al benefactor y al propio sujeto, que se siente bien al hacer sentir bien y al ser consciente del amor que ha impulsado al benefactor a realizar la ayuda. Sentirse querido es la principal fuente de felicidad humana e impulsa al amor de correspondencia, que añade un nuevo bienestar al sujeto agradecido.

El agradecimiento refuerza positivamente las conductas de ayuda y establece vínculos sociales firmes y duraderos, pues tienen como base el pegamento del amor, que es la motivación que impulsa a ayudar y a agradecer.

En la base del agradecimiento está la capacidad de empatía, que lleva a darse cuenta de lo que los demás hacen por uno y de sus motivos altruistas. La persona centrada en sí misma —egocéntrica— lleva buena cuenta de lo que ella hace por los demás y de cómo se lo agradecen, pero es incapaz de darse cuenta de lo que recibe de ellos, de reconocerlo interior o exteriormente y, menos aún, de mostrar verbal, gestual o conductualmente el agradecimiento.

La persona agradecida fortalece esta cualidad con el tiempo y envejece y muere sintiendo un enorme agradecimiento, pues se ha acostumbrado a ver las cosas buenas que tiene y recibe, y se siente muy afortunada por el cariño recibido con esos favores. El sentimiento de agradecimiento se acompaña de un gran bienestar interior, impulsa a corresponder haciendo el bien a los demás y desarrolla el altruismo.

Para lograr esta cualidad, primero hay que desearla y, luego, practicarla todos los días, para hacerla crecer y evitar perderla. Hay tres estrategias que ayudan a conseguirla —Tabla 19—[12].

Tabla 19. Estrategias para ser agradecido

a) *Reflexión mental:* tomarse unos minutos al final del día para pensar en los bienes recibidos y en las vivencias positivas experimentadas durante el día. Prestando especial atención a los pequeños detalles o favores, que son los más frecuentes. De esta forma se desarrolla la sensibilidad por los pequeños detalles positivos y la capacidad de prestar atención a lo que hacen los demás por nosotros.

---

[12] DeepSeek

b) Llevar un diario de gratitud: escribir cada día tres o más cosas por las que se siente agradecido y el destinatario de ese agradecimiento, para repasarlo periódicamente y así no olvidarse de agradecerlo de palabra o por escrito, aunque se tarde algún tiempo en hacerlo.

c) Practicar el agradecimiento a diario: decir «gracias» de manera sincera a las personas que tienen detalles de preferencia o de servicio en la vida ordinaria: cuando nos sirven en un establecimiento, cuando nos dejan pasar o entrar por una puerta, nos dan preferencia en el tráfico, nos atienden en un servicio médico o por teléfono o en una oficina de la administración pública.

22. Esperanza —optimismo, positividad, visión de futuro, orientación de futuro.

Esta fortaleza consiste en tener la convicción de que sucederán cosas buenas en el futuro si se trabaja o se lucha por conseguirlo, y comportarse en el presente según esa convicción. La esperanza impulsa a luchar con perseverancia por conseguir la mejor versión de uno mismo y de los demás.

La «esperanza» es un hábito mental —actitud— que lleva a pensar e imaginar que lo malo se acabará y vendrá lo bueno, que el esfuerzo siempre es recompensado, que de todo suceso se puede sacar una enseñanza.

El sentimiento de esperanza surge cuando se toma conciencia de que es posible lograr algo deseado y amado en el futuro, e impulsa a seguir luchando, trabajando, aguantando las dificultades que se presentan para conseguirlo. Es un afecto positivo, pues anticipa la alegría que se tendrá cuando se consiga lo amado.

La esperanza evita el miedo que produce anticipar el sufrimiento que causará no conseguir lo que se desea, que podría disuadir de perseverar en la lucha por alcanzarlo y así provocar que no se consiga. Además, evita la tristeza que acompaña a la desesperanza, que paraliza física y mentalmente, al anular el impulso de seguir luchando por conseguir lo deseado.

Esta oposición de la esperanza con el miedo y la tristeza, que impiden seguir luchando por lo que se desea, induce a algunas personas muy temerosas a no crearse esperanzas de lograr cosas buenas y difíciles, por el miedo a sufrir futuros desengaños que les produzcan intenso sufrimiento.

La esperanza se relaciona con otras cualidades positivas: «optimismo», «ilusión» y «alegría». Una persona siente optimismo cuando tiene esperanza de conseguir lo que desea. La ilusión se siente cuando se alberga esperanza de conseguir las cosas que se aman. La alegría surge cuando se tiene una esperanza de lograr lo que ilusiona, que es algo bueno y se ama. Se relaciona también con el sentimiento de autoestima, seguridad y confianza de poder conseguir el objetivo amado, gracias a experiencias previas de éxitos.

A veces, la esperanza se apoya en la confianza que se tiene en otras personas, que por su conducta anterior han demostrado que son de fiar. La persona desconfiada solo puede confiar, y esperar, en su propia capacidad, que, por ser limitada, produce dudas, debilita la esperanza y disminuye la capacidad de esfuerzo por conseguir lo deseado, lo cual aumenta el riesgo de fracasar, que llevará al pesimismo y a la desesperanza en situaciones futuras.

Así pues, la esperanza se asocia con la confianza en uno mismo y/o en los demás, que impulsa a perseverar en la lucha por conseguir lo amado, aunque se esté sufriendo por las dificultades y el retraso en lograrlo.

Se dice que «lo último que se pierde es la esperanza», porque, cuando se abandona la esperanza de lograr lo amado, se deja de luchar por ello y, entonces, desaparecen los sentimientos positivos que la acompañaban: ilusión, alegría anticipada, optimismo. Así, por ejemplo, la pérdida de la esperanza, o la desesperanza, es el afecto que más se relaciona con la conducta suicida de una persona que está sufriendo de modo intenso y prolongado por un mal físico o mental. Mientras se tiene esperanza de curación o de alivio, se sigue soportando el sufrimiento. Esto último se refleja en el dicho: «si tienes un porqué, no importa el cómo», que se puede traducir en el sentido de que, si se tiene esperanza de lograr algo valioso que se ama, se puede soportar el sufrimiento que conlleva lograrlo.

La desesperanza es la otra cara de la moneda –la cruz– de la esperanza, que tiene un signo negativo porque es desagradable, pues se acompaña de temor a sufrir un desengaño y de tristeza al anticipar el sufrimiento que producirá no llegar a lograr lo que se ama. Se relaciona también con otros sentimientos negativos: pesimismo, desilusión, frustración, ira.

La desesperanza surge cuando se toma conciencia de la imposibilidad de lograr lo que se ama o se desea. Esta convicción intelectual puede ser cierta y da lugar a la tristeza, cuya intensidad depende de la intensidad del deseo de obtener el objetivo deseado. La convicción puede ser falsa –autoengaño– por deseo de no crearse esperanzas y así dejar de sufrir por la incertidumbre y el temor de no lograrlo; o por convicción del parecer de los demás que no quieren sufrir al vernos sufrir un desengaño. Existe también una convicción dudosa de la posibilidad de lograr lo deseado, que produce una alternancia de esperanza y desesperanza, que se disipa con el progreso o retroceso en el camino que conduce a la posesión de lo deseado.

Como los demás afectos, la desesperanza tiene un aspecto energético, que impulsa a realizar conductas dirigidas a aliviar los sentimientos negativos asociados: frustración, ira y tristeza. Cuando la desesperación es muy intensa, esa energía puede impulsar a realizar conductas peligrosas para el propio sujeto y para sus seres queridos para dejar de sufrir. Suele decirse de alguna persona que se ha quitado la vida, o se ha dejado morir, que lo hizo porque estaba desesperado.

El «optimismo» es un hábito mental –actitud– que hace ver, imaginar, recordar la parte positiva de toda experiencia personal, ya sea buena o mala. Ser optimista no significa ignorar las dificultades, sino reconocerlas sin dejarse abrumar por ellas. La persona optimista suele buscar soluciones y está más dispuesta a ver oportunidades de mejora en los problemas. Esta mentalidad suele tener efectos positivos en la salud mental y física, ya que reduce el estrés y genera sentimientos positivos que hacen sentirse bien.

El optimista es una persona con tendencia a la acción orientada a resolver los problemas y dificultades y a intentar vencer los obstáculos, en vez de ser pasiva, con tendencia a la queja, al lamento y al temor, como el pesimista. La persona optimista tiene esperanza y anticipa resultados positivos y soluciones a los problemas. El optimismo y la positividad son sinónimos de esperanza, términos más usados en el lenguaje común y en el psicológico que el de esperanza.

El pesimismo es la cara opuesta al optimismo, cuyo motivo principal es el miedo a sufrir. El pesimista es una persona muy temerosa que se pone siempre en lo peor —situaciones que causan sufrimiento— para mentalizarse y así cuando ocurra —si ocurre—, sufrir un poco menos: no se sufre igual si se va a perder y se pierde, que si se va a ganar y se pierde, pues la frustración o desengaño en el primer caso es menor que en el segundo. Cuanto más miedo se tiene, con más frecuencia se imaginan peligros futuros, y peligros más dramáticos.

De lo anterior se deduce que en la base del optimismo está la valentía, el escaso temor a sufrir, que permite al optimista ilusionarse con metas altas y difíciles, pero muy gratificantes, pues no se tiene miedo a sufrir la frustración que causan los obstáculos, las dificultades y los fracasos que jalonan el camino que lleva a lograr lo que se desea.

23. Sentido del humor

Tener sentido del humor no significa solo reírse con facilidad, sino utilizar el humor como una herramienta para afrontar los desafíos, conectar con los demás y mantener una perspectiva positiva de la vida, también en momentos difíciles.

El sentido del humor se manifiesta en la capacidad para detectar lo gracioso de los sucesos; en el gusto por reírse, hacer reír y por las cosas que hacen reír; en el rápido rechazo por lo que entristece y da pena, y en la facilidad para olvidar estos sucesos. La persona con sentido del humor tiende a desdramatizar los contratiempos y mantiene el buen humor en los momentos críticos. Su alegría natural le permite ver la parte divertida de la realidad, incluso en las situaciones negativas, y hacérselo ver a los demás para arrancarles una sonrisa.

La alegría es la gran emoción positiva y la risa es su expresión facial. Fomentar la alegría y practicar la risa y la sonrisa ayuda a neutralizar y prevenir el efecto negativo en la vida mental de las situaciones que causan sufrimiento. Es como un antídoto para el veneno del negativismo.

El humor implica disfrutar de la risa propia y de hacer reír a los demás.

Los beneficios más señalados del sentido del humor se recogen en la –Tabla 20–[13].

Tabla 20. Beneficios del sentido del humor

1. *Mejora la salud mental:* reír reduce el estrés, la ansiedad y la depresión, y, si es frecuente, produce sentimientos de contento y alegría.

2. *Fortalece el sistema inmunológico:* pues reduce la liberación de corticoides –hormona del estrés–, que son supresores de la inmunidad, y mejora el funcionamiento de los macrófagos, que son los leucocitos situados en las mucosas encargados de atacar a las bacterias y virus que intentan penetrar en el organismo para infectarlo.

_____

[13] DeepSeek

3. *Fomenta las relaciones sociales saludables:* fomenta la sintonía emocional con los demás y ayuda a resolver conflictos interpersonales, pues el humor es positivo y lo positivo, suma —une—.

4. *Aumenta la creatividad y la flexibilidad mental:* pues percibir el mundo desde la alegría impulsa a la persona a ser valiente y atrevida en la manera de pensar y actuar.

Hay algunas estrategias que ayudan a desarrollar el sentido del humor —Tabla 21—[14].

Tabla 21. Estrategias para el desarrollo del buen humor

1. *Buscar lo divertido:* esforzarse por encontrar el lado gracioso de situaciones cotidianas y buscar experiencias de humor.

2. *Rodearse de personas alegres:* pues el estado de ánimo es contagioso. Estar cerca de personas que ríen y bromean se contagia y neutraliza las emociones negativas.

3. *Aprender a reírse de uno mismo:* esfuerzo mental de no tomarse demasiado en serio y

---

[14] Ibidem.

aceptar los errores y fracasos con buen humor, es decir, sin quejas, lamentos, enfados ni tristezas, que coincide con el dicho: «al mal tiempo, buena cara».

4. *Consumir contenidos de buen humor:* las películas, series, libros y actuaciones de humorista ayudan a ver el mundo desde una perspectiva más divertida.

24. *Espiritualidad –religiosidad, fe, propósito.*

La espiritualidad, como fortaleza personal, es la capacidad de encontrar significado y propósito a la vida, ya sea a través de la filosofía, la teología, la meditación o cualquier otra forma de búsqueda interior. Esta fortaleza no está ligada a una creencia religiosa específica, sino que abarca toda búsqueda de autoconocimiento y trascendencia[15].

---

[15] Wikipedia: El término **trascendencia, trascendental o trascendente** (del latín *trascendens*; trascender, superar, sobrepasar, extenderse) indica la idea de *sobrepasar* o *superar.* Lo trascendente es lo que está más allá de lo perceptible y de lo inteligible (comprensión). La escolástica medieval orienta la cuestión de la trascendencia hacia una demostración o prueba de la inmortalidad del alma y de la existencia de Dios. Hoy en día, la cuestión no incide tanto en demostrar dicha existencia, sino en el hecho de que el hombre siempre está abierto a una dimensión trascendente –misteriosa–, que está fuera de tiempo y el espacio de su existencia, de lo que está más allá de los límites naturales.

La persona espiritual piensa que existe un propósito y un significado universal en las cosas que ocurren en el mundo y en su propia existencia. Siente que tiene un propósito que cumplir en su vida.

La persona con elevada espiritualidad tiene peculiares características positivas –Tabla 22–[16].

Tabla 22. Características de la persona espiritual

1. *Sentido de propósito:* la espiritualidad aporta claridad en la conciencia sobre la jerarquía de los valores y metas en la vida, y mantiene la voluntad enfocada y firme en las adversidades.

2. *Conexión con algo grande:* la espiritualidad fomenta una conexión intensa con la naturaleza, la humanidad, el universo o con un ser divino. Esta conexión proporciona una sensación de pertenencia y de paz interior.

3. *Resiliencia emocional:* la espiritualidad es una fuente de consuelo y fortaleza en los momentos difíciles. Ayuda a las personas a encontrar un sentido –una finalidad– a todas las situaciones, también a las dolorosas.

---

[16] DeepSeek

4. *Gratitud y aprecio:* la persona espiritual suele ser agradecida –da las gracias– porque aprecia las pequeñas cosas positivas que posee y recibe. Posee una actitud positiva que le permite percibir lo positivo con facilidad.

5. *Autoconocimiento y crecimiento*: la espiritualidad fomenta la introspección y la mejora personal. Facilita entender las emociones, pensamientos y acciones, y ayuda a controlar la mente para vivir haciendo el bien.

6. *Compasión y empatía*: la persona espiritual tiene gran sensibilidad hacia la dignidad del ser humano, lo que le permite actuar con bondad y comprensión hacia los demás.

Se ha comprobado que la espiritualidad tiene muchos beneficios y pocos perjuicios. Los beneficios más señalados son: la paz interior y la reducción del estrés; el contento y alegría interior; la capacidad para amar desinteresadamente a los demás –altruismo y caridad–; y el aumento de la resiliencia frente a los desafíos de la vida. Así pues, la espiritualidad es un recurso inestimable para vivir una vida plena y feliz, con independencia de las circunstancias externas.

8. EPÍLOGO

Nací a comienzo del año 1958, el año en el que se publicaron los tebeos del Jabato y El Capitán Trueno, creados por Víctor Mora. Así pues, crecí bajo la influencia pedagógica de unos héroes llenos de virtudes y cualidades positivas que me sensibilizaron y estimularon hacia la versión positiva del ser humano. Después, al dedicar 40 años de mi vida a la psicología y la psiquiatría, he podido comprobar que hay dos formas opuestas de vivir la única vida que tenemos: una positiva y otra negativa, con unas consecuencias, también, opuestas, una ayuda a ser feliz —la positiva— y otra, con frecuencia, produce infelicidad y enfermedad mental —la negativa—. Al final de mi vida profesional me he encontrado con el nacimiento de una nueva rama de la psicología, la llamada «psicología positiva», que hace énfasis en la versión positiva del ser humano y en su importancia para ser feliz.

El objetivo de este libro es animar al lector a luchar por construir una persona positiva y buena dentro de sí, con la que pueda vivir en paz y contenta toda su vida, y así irradiar en su entorno esos sentimientos positivos.

BIBLIOGRAFÍA

C. L'ECUYER, *Educar en el asombro*, Plataforma editorial, S. L., 2012.

B. L. FREDRICKSON, *The Role of Positive Emotions in Positive Psychology*, en «American Psychologist», vol. 56 (3), marzo de 2001, pp. 218-226.

D. GOLEMAN, *Inteligencia emocional*, Editorial Kairos, 1996.

F. SARRÁIS, *Análisis psicológico del hombre*, Editorial EUNSA, 2011.

F. SARRÁIS, *El árbol de la vida (mental), cuyo fruto es la felicidad*, Editorial EUNSA, 2021.

F. SARRÁIS, *Entender la afectividad*, Editorial Teconté, 2017.